Arbeitsberichte zur wirtschaftsgeographischen Regionalforschung

Herausgegeben von H. Nuhn

Band 6

Arbeitsbereich Wirtschaftsgeographie
am Fachbereich Geographie
der Philipps-Universität Marburg

Systemtransformation und Regionalentwicklung

Technologiecluster der Mikroelektronik in Ostdeutschland

Helmut Nuhn (Hrsg.)

unter Mitarbeit von

Michael Plattner, Cordula Neiberger
und Anne Canders

LIT

Münster 2001

Systemtransformation und Regionalentwicklung :
Technologiecluster der Mikroelektronik in Ostdeutschland / Helmut Nuhn (Hrsg.).
Unter Mitarb. von Michael Plattner, Cordula Neiberger und Anne Canders. -
Münster [u.a.] : LIT, 2001
(Arbeitsberichte zur wirtschaftsgeographischen Regionalforschung; 6)
ISBN 3-8258-5893-6
NE: Hrsg.; 1. Verf.; 2. Verf.; 3. Verf.; GT

INHALTSÜBERSICHT

Technologiecluster der Halbleiterindustrie in Ostdeutschland in der Systemtransformation – Einführung in die Fallstudien Erfurt, Dresden und Frankfurt/Oder

Helmut Nuhn

Zehn Jahre nach der Eingliederung der ehemaligen DDR in die Bundesrepublik sind die Folgen der rasch vollzogenen Systemtransformation noch nicht überwunden. Während die Institutionen und die Infrastrukturen durch Know-how- und Kapitaltransfer aus dem Westen bereits weitgehend angeglichen sind, gibt es im soziokulturellen und regionalökonomischen Bereich noch erhebliche Ungleichgewichte und Defizite.

Wissenschaft und Politik haben die Stärken und Schwächen analysiert, Bilanz gezogen und Handlungskonzepte entwickelt. Auch die Geographie hat die raumbezogenen Prozesse der Transformation im östlichen Mitteleuropa verstärkt thematisiert und insbesondere zum Ausbau von Handel und Dienstleistungen sowie zur Neustrukturierung der Wohnungsmärkte und zur Deindustrialisierung und Regionalentwicklung originäre Beiträge geliefert[1]. Die Arbeiten zeichnen sich zumeist durch den regionalen Vergleich sowie den Wechsel der Untersuchungsebene von der Mikroebene der Familie bzw. Betriebe über die Mesoebene der Region bis zur Makroebene der globalen Beziehungen aus. Problemorientierte Fallstudien überwiegen gegenüber theoriegeleiteten Analysen, was auch darauf zurückzuführen ist, dass bisher keine umfassende Transformationstheorie entwickelt wurde und der Rückgriff auf Teilansätze angemessener erscheint als die Wiederbelebung der Modernisierungstheorie[2]. Methoden- und Theoriepluralismus kennzeichnen auch die Studien zur Systemtransformation in den Nachbardisziplinen.

Im Rahmen eigener Forschungsschwerpunkte wurden zwei Projekte zur Transformation der Industrie vom planwirtschaftlichen System der DDR in die Marktwirtschaft der BRD durchgeführt. Das erste Vorhaben beschäftigte sich mit der Persistenz und Dynamik traditioneller Industriestandorte in Thüringen (Jena, Ruhla, Suhl und Sonneberg) unter besonderer Berücksichtigung des Wissenstransfers und der vielschichtigen Lernprozesse und praktischen Erfahrungen, die technologische Innovationsprozesse auslösen und den Bestand der regionalen Cluster garantieren (vgl. NUHN 1998).

Die hier vorgelegten Teilergebnisse eines ebenfalls durch die DFG geförderten Forschungsprojektes beschäftigten sich mit der Mikroelektronikindustrie als einem jungen Industriezweig, der im planwirtschaftlichen System der DDR aufgebaut wurde und dessen Weiterentwicklung in der Marktwirtschaft an den drei wichtigsten Standorten in Erfurt, Dresden und Frankfurt/Oder

---

[1] Vgl. hierzu u.a. die Überblicksbeiträge mit weiteren Literaturhinweisen von FASSMANN 1997, FÖRSTER 1999 und STADELBAUER 2000.
[2] Vgl. hierzu u.a. v. BEYME 1994, ZAPF 1996 und MERKEL 1999.

verfolgt wird[3]. Im Mittelpunkt steht die Auflösung des nationalen Innovations- und Produktions-systems der DDR und die durch öffentliche Förderung angestrebte regionale Clusterbildung un-ter den Bedingungen globaler Verflechtung. Als theoretischer Bezugsrahmen wird mit der Regu-lationstheorie, der Transaktionskostentheorie und des Netzwerkansatzes auf unterschiedliche Konzeptionen zurückgegriffen. Auch der formale Aufbau der Arbeiten zielt nicht auf den direk-ten Vergleich der Standorte ab. Trotzdem zeigen sich neben den unterschiedlichen Entwick-lungspfaden viele Gemeinsamkeiten.

Zur leichteren Einordnung der Fallstudien sollen wenige generelle Bemerkungen zur Techno-logiepolitik der DDR und zum institutionellen Rahmen der Planwirtschaft sowie zu den verän-derten Leitbildern und Instrumenten der Wirtschafts- und Technologiepolitik nach der Integrati-on in die Marktwirtschaft vorausgeschickt werden[4]. Den Abschluss bildet eine knappe Charakte-risierung der Entwicklungspfade der Cluster in Erfurt, Frankfurt/Oder und Dresden sowie eine zusammenfassende Einschätzung des Clusterungsprozesses.

1 Politisch-institutionelle Rahmenbedingungen in der Planwirtschaft und Clusterbildung

Das Ziel einer Modernisierung der Industriebetriebe in der DDR durch verstärkte Mechanisie-rung und Automatisierung der Produktionsprozesse sollte durch den Beschluss zur Technikpla-nung am 21. Juli 1955 erreicht werden. Die Grundlage bildete der 1. Forschungsplan der Deut-schen Wirtschaftskommission, die 1949 die Prinzipien einer gesamtgesellschaftlichen Planung und Leitung von Wissenschaft und Technik formulierte. Die Ziele und Leitlinien basieren auf den gesellschaftspolitischen Vorgaben der SED, die sich in Parteitagsbeschlüssen zu Fragen der Wirtschaft niederschlugen. Vier Phasen lassen sich hinsichtlich ihrer Auswirkungen auf den Neuerungsprozess und die räumlich-sektorale Clusterbildung abgrenzen[5].

- In der ersten Phase (50er bis 60er Jahre) kam es zur konkreten Formulierung von Entwick-lungsvorgaben und ersten Maßnahmen zur beschleunigten Umsetzung von Erfindungen. Die politische Führung erkannte die Bedeutung der Mikroelektronik als Basistechnologie und be-auftragte linientreue Wissenschaftler und Organisatoren mit der Durchführung theoretischer und angewandter Forschungen. Gleichzeitig wurden die notwendigen Ressourcen zur Verfü-

---

[3] Die Arbeitsgruppe bestand aus H. Nuhn, C. Neiberger und M. Plattner. Außerdem waren mehrere Diplomanden beteiligt, deren Arbeiten im Anschluss an das Literaturverzeichnis aufgeführt werden. Allen Mitarbeitern, Infor-manten und Förderern, nicht zuletzt der DFG, sei an dieser Stelle nochmals gedankt.
[4] Vgl. hierzu auch die nicht zitierten grundlegenden Beiträge im Literaturverzeichnis.
[5] Zusammengestellt nach Jacoby 1997: 30-41 (Diplomarbeit).

gung gestellt. Die Grundlagenforschung und die Ausbildung von Fachkräften gingen deshalb von diesen Standorten aus.

- Mit dem VII. Parteitag der SED 1967 begann die zweite Entwicklungsphase. Effizientere Produktionsverfahren und international wettbewerbsfähige Produkte sollten durch die Steigerung der industriell verwertbaren Neuerungen erreicht werden. Dieser Aufbruch wurde durch die Beschlüsse des VIII. Parteitags modifiziert. Nun galt es, die Forschungsanstrengungen stärker auf die Entwicklung neuer Produkte auszurichten. Investitionen in Fabrikationsanlagen erfolgten in der Nähe bestehender Betriebe und Forschungseinrichtungen in Dresden und Frankfurt/Oder.

- In der dritten Phase wurde die spezifische Technikförderung durch eine konsumorientierte Produktförderung ersetzt. Der Einfluss der Industrie auf die Ziele der staatlichen FuE stieg. Durch die Forschungsverordnung von 1972 und durch neue Finanzierungsrichtlinien wurde eine beschleunigte Umsetzung neuer wissenschaftlicher Erkenntnisse in die Produktion angestrebt. Die Neuorientierung erforderte eine stärkere Abstimmung mit den Anwenderkombinaten. Dies führte zur technologischen Spezialisierung des Produktionsprogramms an den Standorten und der Ausrichtung an Endprodukten.

- Zu Beginn der vierten Phase wurden im Rahmen der sozialistischen ökonomischen Integration im RGW erneut die Weichen in Richtung Schlüsseltechnologie gestellt (IX. Parteitag 1976). Die Tagung des ZK im Jahre 1977 thematisierte die Mikroelektronik in diesem Sinne. Gefordert wurde ein gesteigertes Maß an Innovationsfähigkeit und die explizite Inkorporation von FuE in den Produktionsprozess. Wiederum erfolgte eine Neuordnung durch die Bildung großer Kombinate mit vertikaler und horizontaler Integration sowie durch die Einbindung der DDR in ein arbeitsteiliges Technologieprogramm des RGW. Die technologische Herausforderung für den 1 Mbit-Chip Mitte der 1980er Jahre erforderte effizientere Koordinationsformen und führte zur Reorganisation der Kombinatsstrukturen. Dennoch gelang es nicht, den technologischen Rückstand aufzuholen.

Die Ausführungen verdeutlichen, dass der Aufbau der Mikroelektronik als Schlüsseltechnologie in der DDR Ausdruck des politischen Willens der Machthaber war. Hierdurch sollte die technologische Unabhängigkeit gegenüber dem Nicht-Sozialistischen-Wirtschaftsgebiet (NSW) demonstriert werden. Mit Hilfe der sektoralen und räumlichen Schwerpunktbildung im VEB Kombinat Mikroelektronik Erfurt (KME) (vgl. Abb. 1 u. 2), hoffte man die Ziele nachhaltig zu erreichen. Die Koordination von Produktion und Forschung wurde für eine Optimierung der 'territorialen Reproduktionsbedingungen' verbessert. Die Nachfrage nach Konsumelektronik und

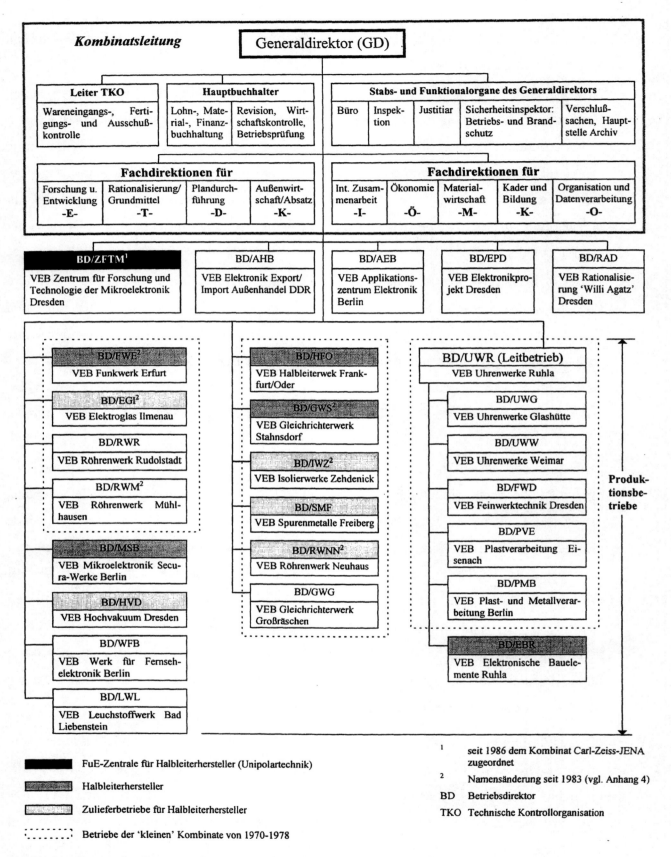

Kombinatsleitung — Generaldirektor (GD)

Leiter TKO	Hauptbuchhalter		Stabs- und Funktionalorgane des Generaldirektors				
Wareneingangs-, Fertigungs- und Ausschußkontrolle	Lohn-, Material-, Finanzbuchhaltung	Revision, Wirtschaftskontrolle, Betriebsprüfung	Büro	Inspektion	Justitiar	Sicherheitsinspektor: Betriebs- und Brandschutz	Verschlußsachen, Hauptstelle Archiv

Fachdirektionen für				Fachdirektionen für				
Forschung u. Entwicklung -E-	Rationalisierung/ Grundmittel -T-	Plandurchführung -D-	Außenwirtschaft/Absatz -K-	Int. Zusammenarbeit -I-	Ökonomie -Ö-	Materialwirtschaft -M-	Kader und Bildung -K-	Organisation und Datenverarbeitung -O-

BD/ZFTM[1]	BD/AHB	BD/AEB	BD/EPD	BD/RAD
VEB Zentrum für Forschung und Technologie der Mikroelektronik Dresden	VEB Elektronik Export/ Import Außenhandel DDR	VEB Applikationszentrum Elektronik Berlin	VEB Elektronikprojekt Dresden	VEB Rationalisierung 'Willi Agatz' Dresden

BD/FWE[2] — VEB Funkwerk Erfurt	BD/HFO — VEB Halbleiterwerk Frankfurt/Oder	BD/UWR (Leitbetrieb) — VEB Uhrenwerke Ruhla
BD/EGI[2] — VEB Elektroglas Ilmenau	BD/GWS[2] — VEB Gleichrichterwerk Stahnsdorf	BD/UWG — VEB Uhrenwerke Glashütte
BD/RWR — VEB Röhrenwerk Rudolstadt	BD/IWZ[2] — VEB Isolierwerke Zehdenick	BD/UWW — VEB Uhrenwerke Weimar
BD/RWM[2] — VEB Röhrenwerk Mühlhausen	BD/SMF — VEB Spurenmetalle Freiberg	BD/FWD — VEB Feinwerktechnik Dresden
BD/MSB — VEB Mikroelektronik Secura-Werke Berlin	BD/RWNN[2] — VEB Röhrenwerk Neuhaus	BD/PVE — VEB Plastverarbeitung Eisenach
BD/HVD — VEB Hochvakuum Dresden	BD/GWG — VEB Gleichrichterwerk Großräschen	BD/PMB — VEB Plast- und Metallverarbeitung Berlin
BD/WFB — VEB Werk für Fernsehelektronik Berlin		BD/EBR — VEB Elektronische Bauelemente Ruhla
BD/LWL — VEB Leuchtstoffwerk Bad Liebenstein		

Produktionsbetriebe

■ FuE-Zentrale für Halbleiterhersteller (Unipolartechnik)

▓ Halbleiterhersteller

▒ Zulieferbetriebe für Halbleiterhersteller

┊┈┈┈┊ Betriebe der 'kleinen' Kombinate von 1970-1978

[1] seit 1986 dem Kombinat Carl-Zeiss-JENA zugeordnet

[2] Namensänderung seit 1983 (vgl. Anhang 4)

BD Betriebsdirektor

TKO Technische Kontrollorganisation

Abb: 1: Organisationsstruktur des VEB KME von 1978-1989

Quelle: Müller 1998 nach Betriebsarchiv PTC BG[c]; Gespräch JÜNGEL 1998

die gestiegenen militärischen Anforderungen gaben weitere Anstöße für Halbleiterentwicklungen.

Die Mitglieder des RGW legten ein gemeinsames Technologieprogramm auf, welches in Arbeitsteilung die Mikroelektronik-Entwicklungen vorantreiben sollte. Doch der Weltstandsvergleich fiel weiterhin negativ aus. Die Betriebe versuchten zwar durch Fremdmuster- und Fehleranalyse die Halbleiterprodukte aus dem NSW zu imitieren und zu verbessern, doch gelang dies immer weniger[6]. Die Produktionskette der Querschnittstechnologie differenzierte sich über eine Vielzahl von Herstellungsprozessen und Forschungsleistungen aus. Sie wurde im planwirtschaftlichen System weder rasch noch effektiv gesteuert. Der technologische Rückstand von mehr als fünf Jahren blieb weder dem Ministerium für Elektrotechnik und Elektronik, noch den Kombinatsgremien der betroffenen Betriebe verborgen.

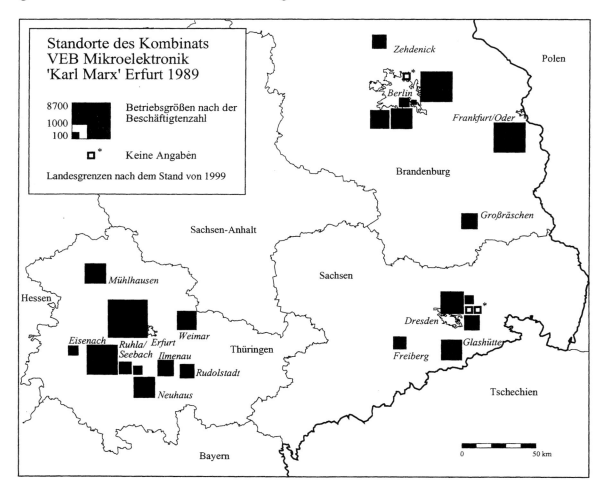

Abb: 2: Produktions- und externe Forschungsstandorte des VEB Kombinat Mikroelektronik Erfurt.
Quelle: Plattner 2001

---

[6] Diese Zusammenhänge werden in der Diplomarbeit von C. Müller herausgearbeitet.

2 Auswirkungen veränderter Leitbilder und Instrumente der Wirtschafts- und Technologiepolitik auf die Standortentwicklung im Transformationsprozess

Seit 1990 gelten für die ehemals sozialistischen neuen Bundesländer veränderte Leitbilder, Ziele und Instrumente der Wirtschafts- und Technologiepolitik. Eine besondere Förderung der Mikroelektronik durch die Bundesregierung fand in den folgenden Jahren nur in wenigen Technologiesegmenten statt[7]. Über zusätzliche spezifische Instrumentarien verfügten die Länder, z.B. durch die Förderung von Forschungs-GmbHs. Die Treuhandanstalt (THA) strebte eine Privatisierung der Volkseigenen Betriebe des KME in Zusammenarbeit mit den zuständigen Landesbehörden an. Dabei traten jedoch unterschiedliche Interessen der Investoren, der Länder und der THA hervor. An den Erhalt eines selbständigen Mikroelektronik-Konzerns war damit nicht mehr zu denken. Die Verflechtungen der vertikal und horizontal miteinander verbundenen Betriebsstandorte des Kombinats zerfielen[8].

Ein erneuter Auf- und Ausbau der Mikroelektronik-Industrie schloss sich nicht direkt an den Systemwandel an. Anders als in Jena, wo sich ein neuer Konzern aus dem Kombinat VEB Carl Zeiss JENA formierte, schlugen die Bemühungen zur Schaffung eines Mikroelektronik-Konzerns fehl. Einen besonderen Problembereich stellten die Forschungseinrichtungen dar, weil alte und neue Auftraggeber fehlten. Ein Programm zur Privatisierung und Erhaltung wertvoller Humanressourcen ermöglichte die Gründung von Forschungs-GmbHs. In Sachsen erhoffte man sich von diesen Einrichtungen größere Entwicklungsimpulse. Auch zehn Jahre nach der Wende basierten nur ein Teil der Forschungs-GmbHs auf selbständig erwirtschafteten Umsätzen[9]. Obwohl die Einrichtungen ihr spezifisches Tätigkeitsspektrum gefunden haben und stark vernetzt sind, bleiben sie auf staatliche Förderung angewiesen.

3 Weiterentwicklung und Perspektiven der Mikroelektronikcluster in Dresden, Erfurt und Frankfurt/Oder

Das gegenwärtige Standortmuster der Halbleiterindustrie spiegelt die spezifischen regionalen Potentiale wie Humankapital, Infrastruktur und Agglomerationsvorteile in der Weise wider, wie sie unter den politischen und sozioökonomischen Bedingungen in Wert gesetzt werden. Die räumliche Nähe zwischen Betrieben im Cluster und die funktionalen Kontakte zwischen den unterschiedlichen Akteuren wirken sich begünstigend aus, weil dadurch die Transaktionskosten

---

[7] Förderbereiche: Integrationstechniken, Smart Fabrication, Nanoelektronik, Elektronisches Auge, Smart System Engeneering.
[8] Für die Standorte Erfurt und Dresden untersuchen Hoffmann bzw. Hentschel diese Auflösungstendenzen.
[9] Die Erwartungen wurden allerdings nur bedingt erfüllt, wie Rien in seiner Diplomarbeit belegt.

vermindert, die betriebswirtschaftlichen Risiken minimiert und die Innovationen gefördert werden (vgl. Abb. 3).

Am Standort Dresden bildete sich in der Planwirtschaft ein breites Spektrum von Wertschöpfungssegmenten. Die Ansiedlung von Global Playern bestimmt den jüngeren Entwicklungspfad des Clusters. Darüber hinaus differenzierte sich das vorhandene Humankapital erneut aus. Neben den Kernkompetenzen der ehemaligen Industrie hat sich eine neue Spitzentechnologie etabliert und so zur Erweiterung des Produktionsprogramms beigetragen. Über vielfältige internationale Verflechtungen gelang durch Kapitalverflechtungen und Kooperationen die Einbindung in das globale System der Mikroelektronik, ohne die regionale Ebene zu vernachlässigen. Die Betriebe fanden sich in einem neuen Cluster zusammen, dessen räumliche Ausdehnung weitgehend dem alten entspricht (vgl. Abb. 2 u. 3). Sowohl für die Ausgründungen als auch für die Ansiedlungen von Halbleiterunternehmen in Dresden waren qualifizierte Arbeitskräfte sowie die vorhandenen

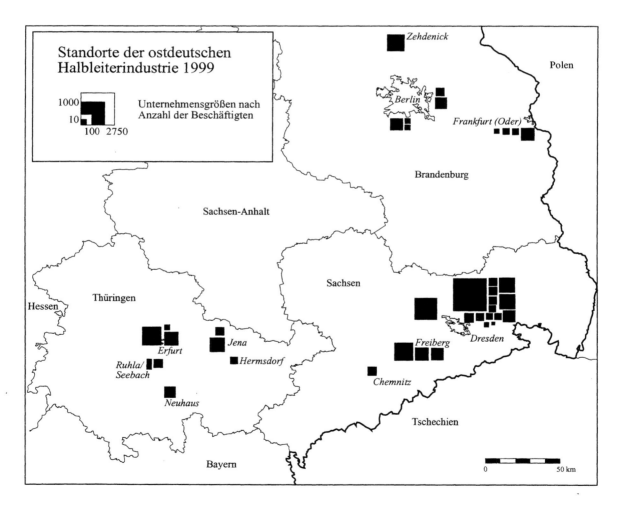

Abb. 3: Standorte der Wertschöpfungssegmente im Produktionssystem der ostdeutschen Halbleiterindustrie gegen Ende der 90er Jahre.
Quelle: Plattner 2001b

Forschungs- und Ausbildungseinrichtungen die entscheidenden Faktoren, wie Plattner nachweist. Der Entwicklungspfad des Clusters Dresden hat sich kontinuierlich verbreitert.

Erfurt war ein Produktionsstandort, der in den letzten Jahren der DDR durch hohe Investitionen in Anlagen und Humankapital gezielt ausgebaut wurde. Wegen der fehlenden Wettbewerbsfähigkeit der Produkte kam es nach der Wirtschafts- und Währungsunion jedoch zu einem massiven Abbau dieser Ressourcen. Wie Neiberger darstellt, basiert der jüngste Entwicklungspfad des Clusters Erfurt auf um- und ausgegründeten Relikten der ansässigen Halbleiterindustrie. Die spezifischen Ressourcen werden auf geringem Niveau weitergenutzt und das ursprüngliche Produktionsprogramm auf neue Hightech-Bereiche umorientiert. Dabei bildeten sich verschiedene Segmente der Wertschöpfungskette, die nur marginal miteinander in Verbindung stehen. Zur Erhaltung hat die finanzielle Beteiligung und Investitionstätigkeit europäischer Mehrbetriebsunternehmen beigetragen.

In Frankfurt/Oder waren die Betriebe und Betriebsteile überwiegend mit Produktionsaufgaben betraut. Ähnlich wie in Erfurt basieren die jüngeren Aktivitäten auf der Nutzung verminderter Ressourcen. Die Betriebe des sich auflösenden Clusters agieren unabhängig voneinander, sie sind nicht in eine Produktionskette integriert, wodurch die negativen Trends unterbrochen und möglicherweise umgekehrt werden könnten. Der Entwicklungspfad des Clusters Frankfurt/Oder stellt sich somit als diskontinuierlich dar, wie Canders aufzeigt. Allerdings gibt es Anzeichen für eine Ressourcenvermehrung. Die Forschungseinrichtung IHP in Frankfurt/Oder besitzt ein Patent für eine neue Technologie, die durch umfangreiche Investitionen unter Beteiligung des Weltmarktführers Intel in Wert gesetzt werden soll. Damit kann es gelingen, mit einem neuen Produktlebenszyklus weitere Ressourcen zu binden.

4   Zusammenfassung

Die Untersuchungen zur Entwicklung der Mikroelektronikindustrie in Ostdeutschland seit ihren Anfängen haben gezeigt, dass wenige Faktoren die Dynamik an den Standorten geprägt haben. Die erste Lokalisation der Aktivitäten geht auf die politische Entscheidung zurück, bestimmte Personen mit dem Aufbau der Schlüsselindustrie zu beauftragen. Mit ihrer Benennung wurden die Forschungseinrichtungen in Teltow und Dresden umprofiliert. Damit nahmen die Entwicklungspfade dort ihren Ausgang, wo qualifizierte Arbeitskräfte vorhanden waren.

Die Politik, zum einen periphere Räume zu industrialisieren (Frankfurt/Oder) und zum anderen vorhandene Ressourcen effizient für den forcierten Aufbau der Mikroelektronikindustrie zu nutzen (Erfurt), führte zur Begründung neuer Entwicklungspfade. Im Rahmen der planwirtschaftlichen Organisation entstand ein nationales Produktionssystem (Kombinat Mikroelektronik Erfurt) mit vertikal und horizontal verflochtenen VEBs. Die Arbeitsteilung der VEBs führte im Zuge fortschreitender Investitionen zur räumlichen Konzentration im Umfeld der genannten Standorte.

Mit dem Systembruch 1989/90 zerfiel die Koordinationsgrundlage des nationalen Produktionssystems. Plötzlich war die Mikroelektronik-Industrie mit den Erfordernissen und Möglichkeiten einer globalisierten Branche konfrontiert. Die Privatisierungsbemühungen erfolgten zunächst unter der Regie der Treuhandanstalt mit dem Ziel zur Erhaltung der Mikroelektronikindustrie als Konzern. Doch die föderale Organisation der politischen Institutionen führte zu eigenen Strategien der drei beteiligten Bundesländer. Der unterschiedliche Erfolg bei der erhaltenden Privatisierung einzelner VEBs und bei der Akquirierung von Investoren führte damit zu verschiedenen Entwicklungspfaden.

Nach dem Systembruch suchten die ehemals funktional verflochtenen Betriebe eine Position in vorhandenen internationalen Produktionsketten. Dies gelang nur über wettbewerbsfähige Produkte, die aus den erneuerten Ressourcen entwickelt werden mussten. Eine Schlüsselstellung kam dabei dem Humankapital und den neuen betrieblichen und überbetrieblichen Formen der Zusammenarbeit für die Gestaltung des Innovationssystems zu. Die Clusterevolution wird somit durch die Kontinuität der Entwicklungspfade über den Systembruch hinweg gekennzeichnet. Es entstanden neue Verflechtungen auf der Basis der globalen Produktionskette, wobei räumliche Nähe zwischen spezifischen Segmenten für die Innovationen von Bedeutung sind. So stellen die Equipmenthersteller im Cluster Dresden die horizontalen Bezüge her, die in den Clustern in Erfurt und Frankfurt/Oder fehlen und daher außerhalb nachgefragt werden müssen. Dabei ergänzen sich in Dresden die globale Integration und regionale Einbettung zu einer erneuten dynamischen Clusterentwicklung.

5 Literatur

AUDRETSCH, D. B./FELDMAN, M. P. (1995): Innovative Clusters and Industry Life Cycle. In: WZB discussion papers, FS IV 95-7, Berlin.

BEYME, K. von (1994): Ansätze zu einer Theorie der Transformation der ex-sozialistischen Länder Osteuropas. In: MERKEL, W. (Hrsg.): Systemwechsel. Bd. 1: Theorien, Ansätze und Konzeptionen. Opladen, S. 141-172.

BLUHM, K. (1999): Zwischen Markt und Politik. Probleme und Praxis von Unternehmenskooperationen in der Transitionsökonomie. Opladen. Forschung, Soziologie H. 27.

COOKE, P./URANGA M. G./ETXEBARRIA, G. (1998): Regional Systems of Innovation: an Evolutionary Perspective. In: Environment and Planning A, Vol. 30, S.1563-1584.

FASSMANN, H. (1997): Regionale Transformationsforschung. Theoretische Begründung und empirische Beispiele. In: MAYR, A. (Hrsg.): Regionale Transformationsprozesse in Europa. Leipzig, S. 30-45. Beiträge zur Regionalen Geographie, Bd. 44.

FISCHER, W./HAX, H./SCHNEIDER, H. K. (Hrsg.) (1993): Treuhandanstalt Das Unmögliche wagen. Berlin.

FÖRSTER, H. (1999): Entwicklungsprobleme altindustrialisierter Gebiete im Transformationsprozess. In: PÜTZ, R. (Hrsg.): Ostmitteleuropa im Umbruch. Mainz, S. 21-35. Mainzer Kontaktstudium Geographie, H. 5.

FRITSCH, F. (1998): Das Innovationssystem Ostdeutschlands – Problemstellung und Überblick. In: FRITSCH, M./MEYER-KRAHMER, F./PLESCHAK, F. (Hrsg.): Innovationen in Ostdeutschland – Potentiale und Probleme. Heidelberg, S. 3–19.

HILPERT, H. G. et al. (1995): Wirtschafts- und Technologiepolitik und ihre Auswirkung auf den internationalen Wettbewerb - das Beispiel der Halbleiterindustrie. Berlin. Schriftenreihe des ifo Instituts für Wirtschaftsforschung, H. 138.

LUNDVALL, B.-A. (1988): Innovation as an Interactive Process - from User Producer Interaction to the National System of Innovation. In: DOSI, G. et al. (Hrsg.) (1988): Technical Change and Economic Theory. London, S. 349-369.

LUNDVALL, B.-A. (Hrsg.) (1992): National Systems of Innovation. London.

MERKEL, W. (1999): Systemtransformation. Eine Einführung in die Theorie und Empirie der Transformationsforschung. Opladen.

MEYER-KRAHMER, F. (1998): Innovationssystem in Deutschland und Globalisierung. In: FRITSCH, M./MEYER-KRAHMER, F./PLESCHAK, F. (Hrsg.) (1998): Innovationen in Ostdeutschland – Potentiale und Probleme. Heidelberg, S. 21-41.

NELSON, R. E. (Hrsg.) (1993): National Innovation Systems. A Comparative Analysis. Oxford.

NUHN, H. (Hrsg.) (1998): Thüringer Industriestandorte in der Systemtransformation. Technologisches Wissen und Regionalentwicklung. Münster Arbeitsberichte zur wirtschaftsgeographischen Regionalforschung, Bd. 5.

OECD (1999): Boosting Innovation – The Cluster Approach. Paris.

REHFELD, D. (1994): Produktionscluster und räumliche Entwicklung - Beispiele und Konsequenzen. In: KRUMBEIN, W. (Hrsg.): Ökonomische und politische Netzwerke in der Region. Hamburg, S. 187-205.

SANDSCHNEIDER, E. (1994): Systemtheoretische Perspektiven politikwissenschaftlicher Transformationsforschung. In: Merken, W. (Hrsg.): Systemwechsel. Bd. 1: Theorien, Ansätze und Konzeptionen. Opladen, S. 23-45.

SCHOLZ, L. (1995): Innovationsökonomie und -politik für die neuen Bundesländer - Beispiel: Mikroelektronik und Innovation. München. ifo Dresden-Studien, H. 4.

STADELBAUER, J. (2000): Räumliche Transformationsprozesse und Aufgaben geographischer Transformationsforschung. In: Europa Regional, Jg. 8, H. 3.4, S. 60-71.

TREUHANDANSTALT (Hrsg.) (1994): Treuhandanstalt. Dokumentation 1990-1994, Bd. 1-15. Berlin.

TUNZELMANN, G. N. von (1997): Technology and Industrial Progress – The Foundations of Economic Growth. Cheltenham.

VOSKAMP, U./WITTKE, V. (1994): Von 'Silicon Valley' zur 'virtuellen Integration' - Neue Formen der Organisation von Innovationsprozessen am Beispiel der Halbleiterindustrie. In: SYDOW, J./WINDELER, A. (Hrsg.): Management interorganisationaler Beziehungen. Opladen, S. 212-243.

WINDOLF, P./BRINKMANN, U./KULKE, D. (1999): Warum blüht der Osten nicht? Zur Transformation der ostdeutschen Betriebe. Berlin.

ZAPF, W. (1996): Die Modernisierungstheorie und unterschiedliche Pfade der gesellschaftlichen Entwicklung. In: Leviathan Jg. 25, S. 63-77.

Examensarbeiten im Rahmen des Projektes

CANDERS, A. (2001): Die Mikroelektronikindustrie in Frankfurt/Oder vor dem Hintergrund des Systemwechsels – Entwicklung und Auswirkungen auf den Standort. Marburg. (Diplomarbeit am Fachbereich Geographie der Philipps-Universität Marburg)

HENTSCHEL, F. (2000): Die Auswirkungen der Systemtransformation auf regionale Strukturen und Verflechtungen der Halbleiterindustrie am Standort Dresden. Marburg. (Examensarbeit am Fachbereich Geographie der Philipps-Universität Marburg)

HOFFMANN, D. (2001): Das KME im Transformationsprozess nach 1990 und die Bemühungen um den Erhalt der Mikroelektronikindustrie am Standort Erfurt. Marburg. (Diplomarbeit am Fachbereich Geographie der Philipps-Universität Marburg)

JACOBY, C. (1997): Kooperation von Wissenschaft und Produktion im zentralen Planungssystem der DDR – unter besonderer Berücksichtigung der Mikroelektronikindustrie. Marburg. (Diplomarbeit am Fachbereich Geographie der Philipps-Universität Marburg)

MÜLLER, Chr. (1999): Zielsetzungen, Aufbau und Bedeutung der Mikroelektronikindustrie für das planwirtschaftliche System der DDR - untersucht am Beispiel des VEB Mikroelektronik 'Karl Marx' Erfurt. Marburg. (Diplomarbeit am Fachbereich Geographie der Philipps-Universität Marburg)

PLATTNER, M. (2001): Clusterevolution im Produktionssystem der ostdeutschen Halbleiterindustrie. Marburg. (Dissertation am Fachbereich Geographie der Philipps-Universität Marburg)

RIEN, J.-H. (2001): Die sächsischen Forschungs-GmbHs – Entstehung, Weiterentwicklung und Bedeutung. Marburg. (Diplomarbeit am Fachbereich Geographie der Philipps-Universität Marburg)

Der Mikroelektronikstandort Erfurt im Transformationsprozess: Hierarchie – Markt – Netzwerk?

Cordula Neiberger

Inhalt:

Verzeichnis der Abbildungen:

1   Einleitung

Die Mikroelektronikindustrie hat in der DDR in den letzten zehn Jahren ihres Bestehens einen äußerst hohen Stellenwert besessen. Aufgrund ihrer Bedeutung als Schlüsselindustrie, von der entscheidende Impulse für eine weitere volkswirtschaftliche Entwicklung erwartet werden konnten, wurde sie auch in der durch Cocom-Bestimmungen bei der Einfuhr neuester Technik beschränkten DDR stark gefördert. Innerhalb von zwölf Jahren war eine beachtliche Basis von Produktionskapazitäten und Forschungseinrichtungen mit hochqualifiziertem Personal geschaffen worden. Wichtigster Repräsentant war das VEB Kombinat Mikroelektronik „Karl Marx" mit etwa 60.000 Beschäftigten in 26 volkseigenen Betrieben, in dem sowohl unterschiedlichste elektronische Bauelemente als auch Vorprodukte und technologische Spezialausrüstung gefertigt wurden. Eine Konzentration erfolgte dabei auf die Standorte Erfurt, Dresden und Frankfurt/Oder.

Damit wurden diese Standorte zu potentiellen "Hightech-Standorten" der neuen Bundesländer. Im Folgenden soll die Entwicklung der Mikroelektronikindustrie am Standort Erfurt skizziert werden, die gegenwärtig trotz der hohen Investitionen vor und nach der Wende, von einem ständigen Bedeutungsrückgang gekennzeichnet ist. Dabei wird besonderes Augenmerk auf die durch wechselnde Rahmenbedingungen und politische Vorgaben hervorgerufene Organisation der Produktion gelegt. Unter diesem Aspekt werden sowohl der Aufbau der planwirtschaftlichen Organisation, die durch hierarchische, nach Plan und Weisung gesteuerte Organisation gekennzeichnet ist, als auch die Auflösung und Neustrukturierung nach der Wirtschafts- und Währungsunion, also der Einführung einer marktlichen Organisationsform, beleuchtet.

Aufgrund der zu beobachtenden Deindustrialisierung in den neuen Bundesländern, die durch eine außerordentlich geringe Zahl von Unternehmen im verarbeitenden Gewerbe, einer Eigentümerstruktur, in der westdeutsche Unternehmen bei weitem dominieren, Zuliefer- und Absatzverflechtungen, die zum großen Teil in die alten Bundesländer führen und durch einen sehr hohen Anteil kleinster und kleiner Unternehmen gekennzeichnet ist, stellt sich die Frage nach einer möglichen Stärkung der Industrieunternehmen und Wirtschaftsstandorte der neuen Bundesländer.

Damit rücken Organisationsformen in den Mittelpunkt des Interesses, die über rein marktliche Beziehungen hinausgehen. Besonders der kooperativen Organisationsform der Netzwerke[10] ordnet die neuere ökonomische und geographischen Forschungen eine hohe Bedeutung für die

---

[10]Netzwerke im Sinne von „Beziehungen zwischen Unternehmen, die über eine rein marktliche Organisation der Transaktionen hinausgehen" (SYDOW 1992: 55)

Wettbewerbsfähigkeit von Unternehmen zu. HAKANSON/JOHANSON heben hervor, dass der Zweck ökonomischer Netzwerke darin besteht, Aktivitäten zu ermöglichen, zu denen unternehmensinterne Ressourcen nicht ausreichen (1993: 36). Insbesondere die Förderung der Innovationsfähigkeit der Unternehmen wird dabei als wichtig erachtet (GRABHER 1993). Gerade kleinere und mittlere Unternehmen können nicht genügend Ressourcen aufbringen, um eine notwendige Forschung selbst durchzuführen, können aber innerhalb des Netzwerkes zu Innovationen befähigt werden.

Theoretische Grundlage für die Diskussion um Netzwerke als besondere Form der Zusammenarbeit zwischen Unternehmen ist die Transaktionskostentheorie, welche die Frage nach der Wahl der Organisationsform für eine wirtschaftliche Tätigkeit anhand der Minimierung von Transaktionskosten beantwortet. Dabei stellt sie die Dichotomie zwischen Markt, also einer Koordination über marktliche Mechanismen einerseits und Hierarchie, der Internalisierung in die Kontrollstrukturen eines Unternehmens, andererseits auf. Durch Opportunismus und hohe transaktionsspezifische Investitionen kann es zu Marktversagen bzw. Hierarchieversagen kommen. Deshalb sind intermediäre Organisationsformen wie Netzwerke zwischen diesen Polen notwendig, die in der Lage sind, die Vorteile beider Kontrollstrukturen miteinander zu verknüpfen (WILLIAMSON 1975, 1990; SYDOW 1995: 134). Aufgrund des notwendigen Vertrauens für die Entstehung nicht-marktmäßiger Beziehungen zwischen Unternehmen wird regionalen Netzwerken, in denen durch räumliche Nähe und häufige face-to-face-Kontakte ein hohes Vertrauen entstehen kann, eine besonders hohe Unterstützungsfunktion zugewiesen (STORPER 1997; SCOTT 1988).

Mit räumlichen Netzwerken hat sich die Geographie in den letzten Jahren häufig beschäftigt, wobei besonders die in Italien beobachteten sog. Industriedistrikte große Beachtung fanden. Klein- und mittelständische Betriebe arbeiten hier in einer starken vertikalen Desintegration an einem gemeinsamen Endprodukt, nur ein kleiner Teil der Unternehmen (Kernunternehmen) oder Verleger haben Zugang zu den Absatzmärkten, wo sie Wissen um neue Produkt- und Design-Wünsche sammeln und diese an die Distriktunternehmen weitergeben. Dies ist möglich, weil die Unternehmen in kooperativer Weise zusammenarbeiten, innerhalb eines „sozio-ökonomischen Systems" (BECATTINI 1990; zusammenfassend BATHELT 1998).

Auf ein System gemeinsamer Werte, Grundhaltungen und Erwartungen bezieht sich auch der Ansatz des „kreativen" bzw. „innovativen" Milieus. Wichtigste Merkmale eines solchen Milieus sind eine räumlich abgegrenzte Einheit durch Homogenität in Verhalten, Problemwahrnehmung und technischer Kultur, Gruppen von Akteuren aus verschiedenen Bereichen (Unternehmen, Forschungs- und Bildungseinrichtungen, lokale Behörden etc.),eine Infrastruktur materieller, immaterieller und institutioneller Art, Austausch und Interaktion zwischen regionalen Akteuren die zu einer effektiven Nutzung vorhandener Ressourcen führen und eine hohe Lernfähigkeit, die ein schnelles Reagieren auf veränderte Rahmenbedingungen ermöglicht (FROMHOLD-EISEBITH 1995: 33). Die Innovationsfähigkeit des Milieus wird aber erst aus der Verknüpfung vom regionalen nicht-reproduzierbarem Erfahrungswissen mit Informationen und Ressourcen aus nicht-territorialen Netzwerken gespeist (SCHAMP 2000: 82). In dem Maße, wie die Unternehmen im Milieu fähig sind, zusammenzuarbeiten und eine kollektive Lerndynamik zu entfalten, d.h. ihr Verhalten entsprechend dem Wandel ihres Technologie- und Marktumfeldes zu ändern, um neue Lösungen durchzusetzen und neue Ressourcen zu schaffen, ist das Milieu innovationsfähig (MAILLAT 1998: 9).

Unmittelbar an die Diskussion zum innovativen Milieu schließt die Debatte um lernende Regionen an, die Konzepte des Lernens und der regionalen Innovationsprozesse in den Mittelpunkt ihrer Betrachtungen stellt. Innovationen werden als Ergebnisse von kumulativen und betrieblichen Lernprozessen verstanden. Dabei wird auf die Bedeutung von „learning by interacting", im Gegensatz zu „learning by doing" und learning by using" hingewiesen. Learning by interacting bezeichnet das kommunikative, synergetische Zusammenwirken von mindestens zwei Akteuren, die betriebliche Lernprozesse auslösen oder beeinflussen. Die innovationsrelevante Synergie ist nicht käuflich, kann also nur durch persönliche Teilnahme erzielt werden. Räumliche Nähe ist für das learning by interacting dann notwendig, wenn es sich um nicht-kodifizierbares Wissen (tacit knowledge) handelt. Innovationsrelevante Informationen sind meist nicht-kodifizierbares Wissen, und um dieses zu kommunizieren, sind sog. „Codeschlüssel" notwendig. Diese jedoch können nur verstanden werden, wenn soziale Kohärenz und Nähe vorhanden sind. Lernende Regionen zeichnen sich also durch das Vorhandensein von kollektivem, nicht-kodifizierbarem Wissen aus, das wegen des Zusammenfallens von sozialer, kultureller und räumlicher Nähe an einen Standort gebunden ist. In ähnlicher Weise wird im Konzept des regionalen Innovationssystems argumentiert. Hier soll die Entwicklung des regionalen endogenen Potentials durch eine Verbindung von traditionellem, kontextgebundenem regionalem Wissen mit weltweit vorhandenem kodifizierten Wissen gefördert werden (HASSINK 1997: 163 ff).

Auch in der Regionalpolitik werden seit Beginn der 80er Jahre Vorschläge und Konzepte zur Förderung des endogenen regionalen Potentials diskutiert. Wegen ihrer hohen Bedeutung fand dabei die Innovationsförderung besondere Beachtung. Diese lokale Innovationspolitik wurde auf verschiedensten Ebenen und mit verschiedenen Instrumenten durchgeführt, wie Existenzgründungshilfen, Technologietransferangebote und Informationsvermittlungs- und Beratungsangebote (GIELOW 1994: 234). Kennzeichnend für alle diese Instrumente ist jedoch ihre einzelbetriebliche Ausrichtung. Die vielgestaltige wissenschaftliche Diskussion um Netzwerkansätze hat aber auch in der Regionalpolitik die Forderung nach einer „kooperativen Entwicklung des endogenen Potentials durch lokale oder regionale Vernetzung mittelständischer Betriebe" aufkommen lassen (SEMLINGER 1994: 89).

Am Beispiel des Standortes Erfurt werden im folgenden sowohl der in der DDR geplante und geförderte Ausbau der Mikroelektronikindustrie (Kapitel 2) als auch deren Umstrukturierung und Anpassung an die marktwirtschaftlichen Bedingungen nach der Wiedervereinigung (Kapitel 3) analysiert, um im vierten Kapitel zusammenfassend die Frage stellen zu können, inwieweit während dieser Prozesse Netzwerkstrukturen entwickelt werden konnten.

2 Mikroelektronikindustrie in der DDR: hierarchische Strukturen in der Planwirtschaft

Die Entwicklungsgeschichte der Industrie der DDR ist von einem fortwährenden betrieblichen Konzentrationsprozess wie auch einer immer stärker werdenden horizontalen wie vertikalen Integration der Produktion gekennzeichnet. Entsprechend der kommunistischen Doktrin der Notwendigkeit der „Beseitigung des kapitalistischen Eigentums an den Produktionsmitteln durch die sozialistische Nationalisierung des Grund und Bodens, der Banken und Syndikate, der wichtigsten Zentren der Großindustrie" (SEIFERT U.A. 1978: 61) hatte man schon 1945 mit Enteignungen begonnen und 1950 bereits 25 % aller Industriebetriebe mit 75 % aller Beschäftigten, also vorwiegend die größeren Unternehmen, unter staatliche Kontrolle gebracht (Statistisches Jahrbuch der DDR).

Da es eine Notwendigkeit der Planwirtschaft war, eine Verringerung der Komplexität anzustreben, wurde schon 1950 mit dem Zusammenschluss von VEBs und der Einrichtung einer verwaltungstechnisch notwendigen neuen Hierarchieebene begonnen. So kam es zu einer starken horizontalen Integration, indem Betriebe gleicher Branchen zusammengeführt wurden. Diese waren den „Vereinigungen Volkseigener Betriebe" (VVB) unterstellt, die zur besseren Kontrolle der hohen Anzahl von Betrieben als Verwaltungseinheit zwischen den Ministerien und den volkseigenen Betrieben eingerichtet worden waren (FRITZE 1993: 175).

Auch die Entwicklung der Mikroelektronikindustrie verlief innerhalb dieses Konzentrationsprozesses der Volkswirtschaft. So ist die Entstehung des Mikroelektronikstandortes Erfurt auf das Vorhandensein eines schon vor dem zweiten Weltkrieg dort angesiedelten Unternehmens zurückzuführen. 1937 hatte die Telefunken, Gesellschaft für drahtlose Telegraphie Berlin ein Zweigwerk für Empfängerröhren und Geräte für zivile und Wehrmachtsaufträge in Erfurt gegründet. Nach Beendigung des Zweiten Weltkrieges war der Betrieb von den amerikanischen

Streitkräften teilweise demontiert worden, bevor man ihn an die sowjetische Besatzungsmacht übergab. Diese überführte ihn 1946 in eine Sowjetische Aktiengesellschaft (SAG), per Produktionsbefehl wurde die Röhrenfertigung wieder aufgenommen. 1947 ist der Betrieb an das Land Thüringen übergeben worden, 1949 ging er in Volkseigentum über und wurde als VEB Funkwerk Erfurt dem Ende der 40er Jahre gegründetem VVB Rundfunk- und Fernsehtechnik (RFT) unterstellt. 1958 erfolgte eine Zuordnung des Betriebes zum neugeschaffenem VVB RFT Bauelemente und Vakuumtechnik Berlin. Die Produktionsschwerpunkte des Funkwerkes lagen auf der Herstellung von Empfänger- und Oszillographenröhren sowie Messgeräten (VEB FUNKWERK ERFURT 1980).

Wirtschaftspolitische Leitlinien der Planwirtschaft waren Konzentration und Spezialisierung, die eine Zusammenfassung der Produktion gleicher bzw. ähnlicher Produkte innerhalb von VEB und eine Abschaffung von Überschneidungen von Produktionsprogrammen zwischen VEB beinhalteten[11] (ARNOLD U.A. 1967: 17). Ziel war die Ausnutzung von Größenvorteilen, die durch eine Rationalisierung der Produktion und eine Organisation der Produktionsprozesse in möglichst großen Betriebseinheiten realisiert werden sollte. Es entstand somit eine standardisierte Massenproduktion unter einheitlicher staatlicher Leitung. Die Abb. 1 zeigt die ständige Abnahme der Anzahl der Betriebe, hinter der sich aber in erster Linie eine permanente Zusammenfassung von Betrieben verbirgt. Diese erfolgte lange Zeit durch die Zusammenlegung von volkseigenen Betrieben zur Konzentration der Produktion. Gleichzeitig wurden private Betriebe zu einer staatlichen Beteiligung gezwungen, was die starke Zunahme von sogenannten „halbstaatlichen Betrieben" bei gleichzeitiger Abnahme privater Betriebe aufzeigt[12]. 1972 wurden alle halbstaatlichen und noch bestehenden privaten Industriebetriebe zwangsweise verstaatlicht.

Zur besseren Organisation der staatlichen Leitung wurde Ende 60er Jahre mit der Bildung von Kombinaten ein weiterer Konzentrationsschritt durchgeführt. Volkseigene Betriebe fasste man in horizontaler wie auch vertikaler Integration zusammen, so dass die Kombinate Betriebe gleicher

---

[11] Bei der Zusammenlegung von Betrieben wurden drei Stufen unterschieden: „a) die Vereinigung unter einer einheitlichen Leitung (verwaltungsmäßige Zusammenlegung); b) die Entwicklung eines einheitlichen Systems der innerbetrieblichen Arbeitsteilung zwischen den zusammengelegten Betrieben (produktionsmäßige Zusammenlegung); c) die Vereinigung in einem einheitlichen zusammenhängenden Gebäudekomplex (territoriale Zusammenlegung)." „Wird durch die verwaltungsmäßige Vereinigung eine günstige Basis für die wirksame Entfaltung der Masseninitiative geschaffen, so zieht dies logisch die zweite Stufe der Betriebszusammenlegung nach sich. In ihr werden endgültig die entscheidenden materiellen Bedingungen geschaffen, die es gestatten, das höhere Niveau der Konzentration der Produktion durch Erweiterung der innerbetrieblichen Arbeitsteilung fest zu verankern. Das nach einer Betriebszusammenlegung entstehende neue, einheitliche System der innerbetrieblichen Arbeitsteilung ist in der Regel immer mit einer Spezialisierung der Betriebsteile verbunden." (KRÖMKE/ROUSCIK 1961: 74). Räumliche Umstrukturierungen in Form von Zusammenlegungen bzw. der Neubau ganzer Betriebsstätten wurden dabei allerdings aufgrund von fehlenden Investitionsmitteln nur selten durchgeführt.

[12] Für notwendige Investitionen konnten Privatunternehmen nur bei der Staatsbank Kredite bekommen, deren Vergabe an eine Beteiligung des Staates geknüpft war.

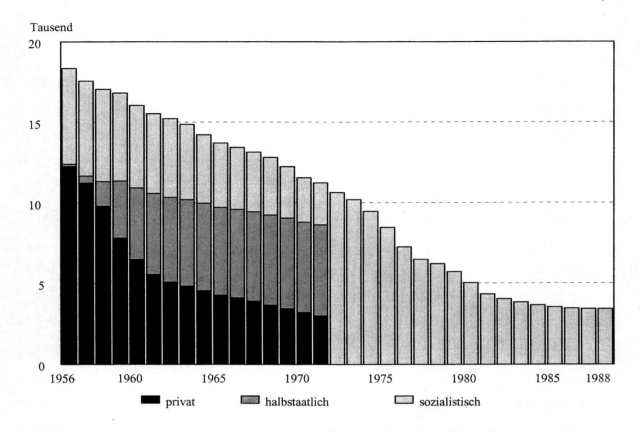

Abb. 1: Anzahl der Industriebetriebe der DDR nach Eigentumsformen 1956-1988
Quelle: Statistisches Jahrbuch der DDR, verschiedene Jahrgänge

Branchen inklusive ihrer Zulieferbetriebe umfassten. So entstand auch das VEB Kombinat Funkwerk Erfurt, dessen Stammbetrieb der VEB Funkwerk Erfurt wurde und dem auch die Betriebe VEB Röhrenwerk Mühlhausen, VEB Röhrenwerk Rudolstadt, VEB Röhrenwerk Neuhaus und VEB Elektroglas Ilmenau angehörten. Hatte man bis Mitte der 60er Jahre den Produktionsschwerpunkt auf die Röhren- und Messgerätefertigung gelegt, wurden nun im Funkwerk Erfurt auch Halbleiterbauelemente gefertigt, deren Produktion auf Kosten der Röhrenproduktion in den folgenden Jahren sukzessive erweitert wurde (Betriebsarchiv) (Abb. 2).

Verstärkt wurde die Konzentration in der Industrie der DDR noch durch einen zweiten Schritt der Kombinatsbildung, in dem Ende der 70er Jahre schon existierende Kombinate in größere Einheiten zusammengefasst und bisher noch „eigenständige" VEB in Kombinate eingliedert wurden[13]. Die VVB sind aufgelöst und ihre Aufgaben den Kombinatsleitungen übertragen wor-

---

[13] Zu unterscheiden ist zwischen nach Branchen organisierten „zentralgeleiteten Kombinaten", die direkt den Industrieministerien unterstellt waren und der räumlichen Organisation der „bezirksgeleiteten Kombinate", in denen vor allem kleinere Betriebe der Lebensmittel-, Verarbeitungs- und Versorgungsindustrie zusammengefasst waren und die 1986 lediglich 12 % der gesamten industriellen Warenproduktion erzielten (KRÖMKE/FRIEDRICH 1987: 16).

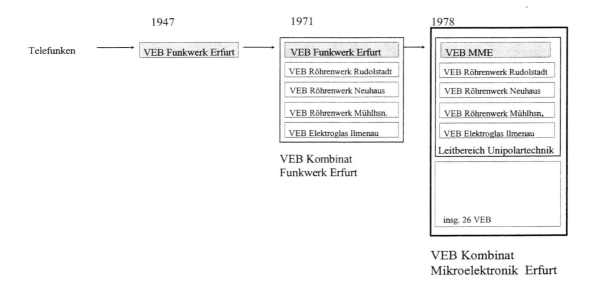

Abb. 2: Die Entwicklung des VEB Mikroelektronik Erfurt 1937 – 1989
Quelle: eigener Entwurf

den (FRITZE 1993: 176). „Die Kombinate wurden zu Wirtschaftseinheiten ausgestaltet, welche die Grundfragen ihrer erweiterten Reproduktion komplex beherrschen können. Ein Kombinat verfügt praktisch über alles, was erforderlich ist, um ein für die Volkswirtschaft ins Gewicht fallendes Produktionsprogramm mit hoher Effektivität zu realisieren. ... Darum werden im Kombinat die entscheidenden Phasen des Reproduktionsprozesses von der Forschung und Entwicklung über die Projektierung, den Bau von Rationalisierungsmitteln bis zur eigentlichen Produktion einschließlich qualitätsbestimmender Zulieferungen und den Absatz der Erzeugnisse im In- und Ausland ökonomisch zusammengeschlossen." (KRÖMKE/FRIEDRICH 1987:5) Von der Einrichtung zentraler Einheiten, wie FuE, Außenhandel und Rationalisierungsmittelbau, die allen Kombinatsbetrieben zugänglich waren, versprach man sich vor allem Einsparungen von Verwaltungskosten und die Steigerung der Effizienz. Durch die Eingliederung von Zulieferbetrieben erhoffte man sich einen besseren Zugriff auf Vorprodukte[14].

Mit dieser zweiten Kombinatsgründungswelle wurde das Funkwerk Erfurt der Mikroelektronikindustrie zugeordnet. Nachdem der Grundstein der Mikroelektronikindustrie in der DDR schon Anfang der 50er Jahre gelegt worden war, als im VEB Werk für Bauelemente der Nachrichtentechnik Teltow eine erste labormäßige Halbleiterfertigung entstand und aus deren Ent-

---

[14] Letztlich aber war die Politik des „geschlossenen Reproduktionsprozesses" kontraproduktiv, da sich nun ein Kombinat mit der Produktion all dessen beschäftigen musste, was es benötigte, wie Rationalisierungsmittel bis hin zu Industrierobotern und elektronischen Bauelementen. Damit fand volkswirtschaftlich gesehen eine Despezialisierung statt, ganz im Gegenteil zur eigentlich angestrebten Konzentration und Spezialisierung der Produktion (FRITZE 1993: 178).

wicklung heraus der VEB Halbleiterwerk Frankfurt/Oder ab 1958 aufgebaut wurde[15], hatten sich mit dem Machtantritt Honeckers 1971 die Prioritäten in der Wirtschaftpolitik verschoben[16]. Erst mit der 6. Tagung des ZK der SED im Juni 1977, die sich ausschließlich mit den Zielen und Chancen der DDR auf dem Gebiet der Mikroelektronik beschäftigte, beginnt die verstärkte Entwicklung der Mikroelektronik in der DDR.

Aufgrund eines Beschlusses der 7. Tagung des ZK der SED im November 1977 wurden im Zuge der zweiten Kombinatsbildung 1978 die vorhandenen Kompetenzen der Mikroelektronik der DDR in den Kombinaten Mikroelektronik Erfurt und Elektronische Bauelemente Teltow zusammengefasst. Das Funkwerk Erfurt (jetzt: VEB Mikroelektronik Erfurt, MME) wurde aufgrund seines Produktionsprofils zum Leitbereich „Unipolartechnik" innerhalb des Kombinates Mikroelektronik Erfurt (Abb. 2). Sein Produktionsspektrum „unipolare Schaltkreise" war weit gefächert und umfasste neben den Hauptprodukten Mikroprozessorsysteme, Speicherschaltkreise, Logikschaltkreise und Uhrenschaltkreise auch Messgeräte, Konsumgüter (Schachcomputer), Technologische Spezialausrüstungen und Elektronenstrahlröhren (WENZEL 1989).

Die Verflechtungen in der Produktion waren dabei gering. Die Herstellung von IC wurde vom Schaltungsentwurf bis zur Qualitätsprüfung vollständig in Erfurt durchgeführt[17]. Die benötigten hochwertigen Vorprodukte wurden zum großen Teil innerhalb des Kombinates bereitgestellt, jedoch weniger von den traditionellen Zulieferern des MME (Röhrenwerke). Vielmehr gab es hier starke Verflechtungen zu den VEB des ehemaligen Kombinates Halbleiterwerk Frankfurt/Oder, VEB Spurenelemente Freiberg (Wafer), VEB Gleichrichterwerk Stahnsdorf, VEB Röhrenwerk Neuhaus, seit 1983 VEB Mikroelektronik „Anna Seghers" Neuhaus, (geätzte Trägerstreifen und Schablonentechnik) und VEB Isolierwerk Zehdenick, seit 1983 VEB Mikroelektronik „Bruno Braun" Zehdenick, (Isoliermaterialien und Trägerstreifen für elektronische Bauelemente). Aus dem stark umprofilierten ehemaligen Röhrenwerk Ilmenau, seit 1983 VEB Mikroelektronik „Friedrich Engels", wurden Keramikschalen für Bauelemente und veredelte Trägerstreifen zugeliefert. Nur wenige Produkte, wie chemische Grundmaterialien und Technologische Spezialausrüstungen wurden außerhalb des Kombinates bezogen (Abb. 3). Ein regionaler

---

[15] Zur Entwicklung am Standort Frankfurt/Oder siehe auch den Beitrag von Canders im selben Band.

[16] In der zweiten Hälfte der 60er Jahre wies der Industriezweig Elektrotechnik/Elektronik/Gerätebau mit einem Produktionszuwachs von fast 60 % das höchste Entwicklungstempo der DDR-Industrie auf. (Pollei 1993: 318, Müller 1989: 11) Die von E. Honecker präferierte „Einheit von Wirtschafts- und Sozialpolitik" erforderte eine Konzentration auf den Ausbau der Rohstoff- und Energiebasis, die Erhöhung der Konsumgüterproduktion und die Forcierung des Wohnungsbaus, was dazu führte, dass die Investitionen im Bereich Elektrotechnik/Elektronik/ Gerätebau 1974 nur noch 68,4 % des Wertes von 1970 betrugen (Müller, S. 1999: 12).

[17] Schaltungsentwurf, Zyklus I (Aufbringen der Strukturen des Schaltungsentwurfs auf Wafer), Zyklus II (Trennen der Scheiben, Anschlussdrähte montieren und in Gehäuse setzen) und Zyklus III (messtechnische Prüfung der Qualität)

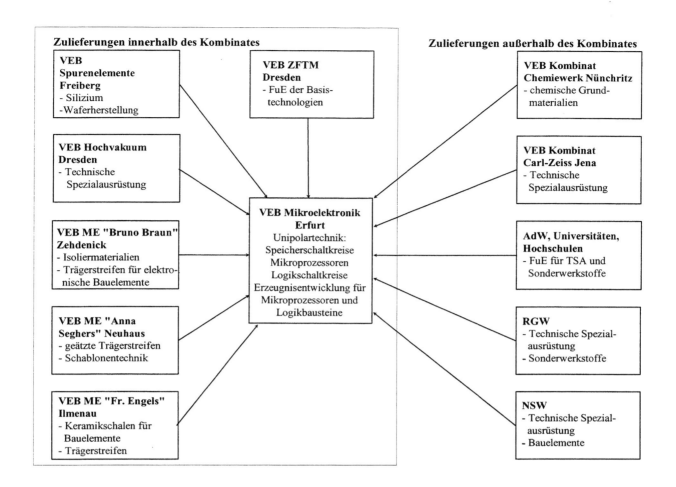

Zulieferungen innerhalb des Kombinates

VEB Spurenelemente Freiberg
- Silizium
-Waferherstellung

VEB Hochvakuum Dresden
- Technische Spezialausrüstung

VEB ME "Bruno Braun" Zehdenick
- Isoliermaterialien
- Trägerstreifen für elektronische Bauelemente

VEB ME "Anna Seghers" Neuhaus
- geätzte Trägerstreifen
- Schablonentechnik

VEB ME "Fr. Engels" Ilmenau
- Keramikschalen für Bauelemente
- Trägerstreifen

VEB ZFTM Dresden
- FuE der Basistechnologien

VEB Mikroelektronik Erfurt
Unipolartechnik:
Speicherschaltkreise
Mikroprozessoren
Logikschaltkreise
Erzeugnisentwicklung für Mikroprozessoren und Logikbausteine

Zulieferungen außerhalb des Kombinates

VEB Kombinat Chemiewerk Nünchritz
- chemische Grundmaterialien

VEB Kombinat Carl-Zeiss Jena
- Technische Spezialausrüstung

AdW, Universitäten, Hochschulen
- FuE für TSA und Sonderwerkstoffe

RGW
- Technische Spezialausrüstung
- Sonderwerkstoffe

NSW
- Technische Spezialausrüstung
- Bauelemente

Abb. 3: **Produktionsverflechtungen des VEB MME im Bereich der Schaltkreisproduktion von 1978-1989**
Quelle: MÜLLER 1999: 61, verändert

Schwerpunkt existierte bei diesen Zulieferungen nicht, die Standorte der Zulieferer befanden sich in den ehemaligen Bezirken Karl-Marx-Stadt, Potsdam, Suhl und Dresden (MÜLLER 1999: 60ff).

Innerhalb der Liefernetze des RGW kam dem MME eine Schlüsselrolle zu. Zwar waren die Importe für das MME sehr gering, jedoch gingen 26 % des Gesamtproduktionsvolumens direkt und etwa 45 % des Gesamtproduktionsvolumens indirekt über die Exporte der Anwenderbetriebe in RGW-Staaten, vorwiegend in die damalige UdSSR. Innerhalb der DDR war das MME Monopolproduzent, entsprechend vielfältig gestalteten sich die Absatzbeziehungen zu allen Herstellern von Maschinen und Geräten, die unipolare Schaltkreise verwendeten. Exporte in das "nicht-sozialistische Wirtschaftsgebiet" (NSW) dagegen fanden aufgrund der fehlenden Wettbewerbsfähigkeit nur in sehr geringem Maße statt, z.B. lediglich für Bauelemente für ältere Produkte, die im NSW nicht mehr im Programm waren. Diese konnten zwar nicht zu kostendeckenden Preisen abgesetzt werden, die DDR war jedoch auf die Devisen angewiesen (MÜLLER 1999: 52ff u. 87).

In der Mikroelektronik bestand ein erheblicher FuE-Bedarf, der nicht von den Produktionsbetrieben allein getragen werden konnte. So wurde am zum Kombinat Mikroelektronik gehörenden Zentrum für Forschung und Technologie der Mikroelektronik Dresden (ZFTM; 3.300 Beschäftigte) die Grundlagenforschung bis hin zur Entwicklung von Prototypen durchgeführt, auf deren Grundlage dann in der FuE-Abteilung des MME die Entwicklung der konkreten Bauelemente und deren Umsetzung in die Produktion erfolgte. Mit der Ausgliederung des ZFTM aus dem Kombinat Mikroelektronik wurde eine Erweiterung der Forschungsbasis in Erfurt notwendig. Die FuE-Abteilung des MME wurde deshalb bis 1989 auf 1.892 Beschäftigte und damit 22 % der gesamten Belegschaft des VEB erweitert; 75 % dieser Beschäftigten waren in produktionsvorbereitenden Bereichen tätig. Seit 1986 gab es in verstärktem Maße auch Kooperationsverträge mit externen wissenschaftlichen Einrichtungen, in denen vor allem anwendungsorientierte FuE-Arbeiten ausgeführt wurden (MÜLLER 1999: 70; PTC 1994: 6).

Das Kombinat Mikroelektronik „Karl Marx" Erfurt umfasste im Jahr 1989 26 Betriebe mit etwa 60.000 Beschäftigten und war damit das drittgrößte Kombinat der DDR, allein am Standort Erfurt waren 8.700 Arbeitnehmer beschäftigt. Neben dem Werk in Erfurt gab es noch Produktionsbetriebe für die Fertigung von Halbleiterbauelementen in Frankfurt / Oder (bivariate Halbleiter), Berlin und Stahnsdorf und Zulieferbetriebe für die Halbleiterproduktion in Neuhaus, Ilmenau, Freiberg und Zehdenick[18]. In den Betrieben der Halbleiterproduktion waren ca. 34.600 Beschäftigte tätig, davon ca. 16.200 direkt für die Halbleiterbauelementeproduktion einschließlich Produktionsvorbereitung, Forschung und Entwicklung. Im Jahr 1989 wurden Waren im Wert von ca. 6 Mrd. M produziert, wobei die Halbleiterbauelementeproduktion mit einem Anteil von 35 % den Schwerpunkt bildete[19] (PTC 1994: 5f).

In den Jahren 1986 bis 1990 sind rund 14,2 Milliarden Mark der DDR an Forschungs- und Entwicklungsmitteln sowie 15,6 Milliarden Mark der DDR für Investitionen auf dem Gebiet der Mikroelektronik bereitgestellt worden (POLLEI 1993: 320). Allein am Standort Erfurt waren Investitionen von 4,5 Mrd. Mark vorgesehen. Am Stadtrand entstand seit 1981 ein neuer Produktionskomplex mit vier Fertigungshallen für hoch- und höchstintegrierte Technik, ein Forschungszentrum mit einer integrierten Sektion der TH Ilmenau und der Verwaltungskomplex des MME (Abb. 4). Von 1982-1984 wurden für den Bau der ersten Fertigungsstätte (ESO I) etwa 450 Mio. Mark bereitgestellt, von 1985-1988 für die zweite Fertigungsstätte (ESO II) 800 Mio. Mark und

---

[18] Außerdem gehörten zum Kombinat Betriebe zur Herstellung von Farbbildröhren (Berlin), Zeitmessgeräte (Ruhla, Glashütte, Weimar) und einige Betriebe für sonstige Endprodukte wie Taschenrechner, Kleincomputer, Kopiertechnik und Röntgenröhren.

[19] Diese untergliederte sich in die Produktion von unipolaren Schaltkreisen (33 % des Wertes), bipolaren Schaltkreisen (26 %), optoelektronischen Bauelementen (12 %) und diskrete Halbleiterbauelemente (29%) (PTC 1994: 5).

1989 für den Bau der dritten Fertigungsstätte (ESO III) allen 1.090 Mio. Mark[20] (WENZEL 1989: 132; MANDLER 1986: 115, Betriebsarchiv). Damit besaß der Standort Erfurt die modernsten und größten Chipfabriken der DDR. In engem Zusammenhang mit diesen Investitionen stand die Errichtung von 14.500 Wohnungen in Plattenbauweise in benachbarten Stadtteilen (OTT 1997: 140). Der VEB Mikroelektronik war zu einem wichtigen Standortfaktor für Erfurt geworden, wenngleich noch weitere große Betriebe ansässig waren, wie beispielsweise der VEB Optima Büromaschinenwerk mit 6400 Beschäftigten und das VEB Kombinat Umformtechnik mit 3800 Beschäftigten (MÜLLER 1999: 89; OTT 1997: 205).

Durch die aufgezeigte Entwicklung der Industrie im Rahmen der Planwirtschaft war es zu einer enormen Konzentration gekommen. 1988 bestand die gesamte Industrie der DDR aus nur 126 zentralgeleiteten und 95 bezirksgeleiteten Kombinaten, in denen fast 98 % aller Industriebeschäftigten tätig waren. Die Kombinate bestanden aus insgesamt 3.428 Betrieben; durchschnittlich etwa 20.000 Beschäftigte pro zentralgeleitetem und 2.000 Beschäftigte pro bezirksgeleitetem Kombinat. Wenngleich die VEB der Kombinate eigenständige wirtschaftliche Einheiten bildeten und als juristisch selbständig galten, waren sie doch an Plan und Weisung gebunden. Durch die Installation der zentralen Planung und Leitung war eine vollständige Hierarchisierung der Industrie vollzogen worden. Diese betraf nicht nur die Organisation innerhalb der Kombinate, sondern ging bis zu den Ministerien und der staatlichen Plankommission. Ein preislich regulierter Markt existierte in der DDR nicht.

Die Zulieferverflechtungsbeziehungen zwischen den VEB eines Kombinates können aus diesem Grunde nicht als marktliche Beziehungen beschrieben werden. Sie wurden auf Kombinatsebene festgelegt und über den Plan kontrolliert. Dabei kam es auf der persönlichen Ebene der agierenden Personen sicherlich auch zu kooperativen Kontakten, die eine Zusammenarbeit erleichterten. Gerade im Bereich der betriebsexternen Forschung wurden informelle Kontakte aufgebaut und gepflegt.

Auch war das planwirtschaftliche System aufgrund seiner Unzulänglichkeiten durch einen "Quasi-Marktes der Beziehungen und der Bestechung" (FRITZE 1993:186f) "ergänzt". Dieser war aus der Notlage der nichtfunktionierenden Steuerung der Wirtschaft über Pläne entstanden und bestand hauptsächlich aus (illegalen) Tauschgeschäften zwischen Betrieben zur Kompensation der Defizite der Planung. Hier zählten in starkem Maße persönliche Beziehungen und Vertrauensverhältnisse, um die nicht vertraglich abgesicherten Tauschtransaktionen durchzuführen (ausführlich FRITZE 1993).

---

[20]Die dritte Fertigungsfabrik wurde erst Anfang 1990 in Betrieb genommen (Gesamtinvestition 1, 7 Mrd. Mark), die vierte Fertigungsstätte sowie die Zweigstelle der TH Ilmenau wurden nicht fertiggestellt.

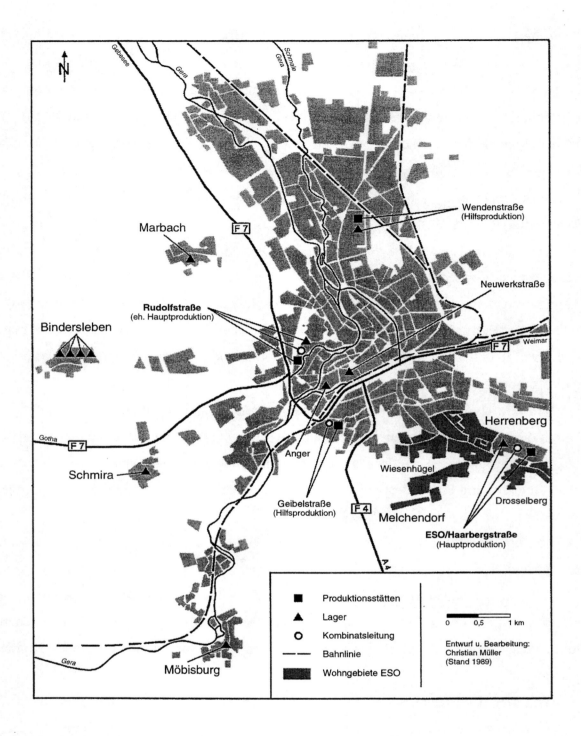

Abb. 4: Die Mikroelektronikindustrie am Standort Erfurt 1989
Quelle: MÜLLER 1999, S. 90

3 Auflösung der Kombinatsstrukturen im Transformationsprozess: die Einführung des Marktes

Der Zusammenbruch der politischen, ökonomischen und kulturellen Institutionen des Sozialismus in der DDR 1989 erforderte eine schnelle Entscheidung zum weiteren Entwicklungsweg.

Dabei waren die Zielsysteme der politischen und ökonomischen Interessen durchaus nicht kongruent, letztlich erfolgte aber eine politische Entscheidung zur Stabilisierung der allgemeinen Lage, welche zu diesem Zeitpunkt als politisch unsicher und von Abwanderungstendenzen bestimmt eingeschätzt wurde. Die Entscheidung fiel für eine schnelle Einführung der Wirtschafts- und Währungsunion, und somit der Schaffung eines einheitlichen Deutschen Staates und der Übernahme der sozialen Marktwirtschaft und damit einer schnellen und vollständigen Veränderung der Strukturen der Planwirtschaft in den neuen Bundesländern.

Dies beinhaltete weitreichende Maßnahmen, die letztlich für die Wirtschaft der neuen Bundesländer eine „Schock-Therapie" bedeuteten. Neben der Herstellung der Rahmenbedingungen für eine Marktwirtschaft, wie eine rechtsstaatliche Ordnung und die Entlassung der Unternehmen aus der Planbürokratie wurden die Preise freigegeben, der Handel liberalisiert und staatliche Subventionen abgebaut. Auf notwendige Konsolidierungsmaßnahmen, wie eine Währungsabwertung und Lohnkontrollen wurde aus politischen Gründen jedoch verzichtet[21] (WIESENTHAL 1995: 14).

Das bedeutete für die ostdeutschen Unternehmen außergewöhnlich hohe Belastungen: zum einen wurden sie mit der Wirtschafts- und Währungsunion schlagartig der internationalen Konkurrenz ausgesetzt, ohne ausreichend Zeit für eine Vorbereitung und ohne jegliche Erfahrung. Besonders betroffen hiervon waren so know-how-intensive Branchen wie die Mikroelektronik. Trotz größter Anstrengungen war es der DDR nicht gelungen, einen Anschluss an die technologische Entwicklung der westlichen Welt zu erreichen. Das Niveau der Bauelemente des Kombinates ME hatte einen Rückstand von etwa 6 Jahren zum internationalen Markt, die auf die Mikroelektronikindustrie basierenden Produkte nachgelagerter Betriebe wiesen einen Rückstand von 5-15 Jahren auf. Trotz hoher Investitionen in FuE waren keine eigenen Schaltkreise entwickelt worden, vielmehr basierte die Produktion auf Nachentwicklungen westlicher Fremdmuster. Auch war man nicht in der Lage gewesen, die angestrebte kostendeckende Massenproduktion von Speicherelementen umzusetzen. Die extrem hohen Anforderungen an Herstellungstechnologie und Umweltbedingungen konnten nicht beherrscht werden, was sich in einer äußerst geringen Ausbeute niederschlug[22]. Somit war das Kombinat ME zum Zeitpunkt der Währungsreform absolut nicht wettbewerbsfähig und eine Integration in den Weltmarkt kaum denkbar. Zum

---

[21]Vor- und Nachteile sowie eine Begründung für den eingeschlagenen Weg werden heute kontrovers diskutiert, siehe WIESENTHAL 1995 und 1999

[22]Die durchschnittliche Ausbeute bei unipolaren Schaltkreisen lag in Erfurt 1985 bei 15,9 %, international konnten Ausbeuten von 50-60 % erreicht werden. Bei bestimmten Erzeugnissen (bspw. 64 KB-DRAM-Speicher) bei denen die internationalen Ausbeuteziffern größer als 65 % waren, lag die Fertigungsausbeute mit 6 % auf dem Niveau eines Prototyps (MANDLER 1986: 40 u. 77).

anderen kam es durch den Umtauschkurs von 1:1 bzw. 1:2 (durchschnittlich 1:1,8) zu einer entsprechenden Preiserhöhung ostdeutscher Produkte, die dadurch auf dem Weltmarkt praktisch unverkäuflich wurden (MARSCHALL 1992: 110; KRAKAT 1981: 66; BARKLEIT 1997: 21; MANDLER 1986: 77).

Im Juni 1990 wurde das „Gesetz zur Privatisierung und Reorganisation des volkseigenen Vermögens (Treuhandgesetz)" (GBl der DDR I (1990): 300) verabschiedet und damit die neu geschaffene Treuhandanstalt mit dem Umbau der wirtschaftlichen Strukturen in Ostdeutschland beauftragt, was im einzelnen bedeutete: „Zurückführung der unternehmerischen Tätigkeit des Staates durch eine möglichst rasche und weitgehende Privatisierung des volkseigenen Vermögens, Herstellung der Wettbewerbsfähigkeit möglichst vieler Unternehmen, Unterstützung sanierungsfähiger Unternehmen durch wirtschaftlich vertretbare Maßnahmen, Entwicklung marktfähiger Unternehmen durch zweckmäßige Entflechtung der Unternehmensstrukturen, Stillegung nicht privatisierungs- und nicht sanierungsfähiger Unternehmen" (DECHANT 1999: 52). Daneben galten weitere Aufträge, wie eine strukturpolitische Aufgabenstellung der Förderung kleiner und mittlerer Unternehmen und dem beschäftigungspolitischen Grundsatz der Sicherung bestehender und der Schaffung neuer Arbeitsplätze.

Dabei sah die THA in der Überführung der Unternehmen in Privateigentum den wirkungsvollsten Weg zu einer Unternehmenssanierung. Der Treuhandpräsident Rohwedder prägte dafür den programmatischen Satz: „Privatisierung ist die beste Sanierung". Entsprechend wurde, nachdem schon im März 1990 die „Verordnung zur Umwandlung von volkseigenen Kombinaten und Betrieben in Kapitalgesellschaften" wirksam geworden war, sofort nach der Wirtschafts- und Währungsunion mit einer Entflechtung der Kombinate begonnen, da sich sehr schnell herausstellte, dass diese aufgrund ihrer Größe und Struktur im Ganzen nicht verkaufsfähig waren (vgl. LICHTBLAU 1994).

Zunächst wurde auch das Kombinat Mikroelektronik auf der Grundlage dieser Verordnung in eine Aktiengesellschaft umgewandelt. Es firmierte seit dem 1.7.1990 unter dem Namen PTC-electronic-AG (Production Technologie Corporation) und fungierte als Holding mit Besitz der vollständigen Anteile der zugeordneten Gesellschaften. Zu ihnen zählten fast alle ehemaligen Kombinatsbetriebe[23] (PTC 1994: 14) (Abb. 5) .

---

[23]außer: Uhrenwerk Ruhla, Leistungselektronik Stahnsdorf, Mikroelektronik Mühlhausen, Röhrenwerk Rudolstadt und Secura Werke Berlin. Zum 31.12.1990 wurde zudem das Werk für Fernsehelektronik Berlin ausgegliedert (PTC 1994: 14).

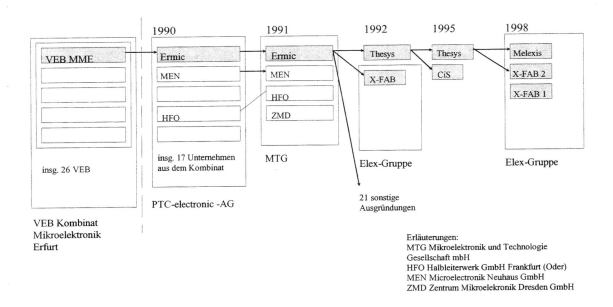

Abb. 5: **Die Entflechtung des KME**
        Quelle: eigener Entwurf

Nachdem 1990 von Arthur D´Little International ein Sanierungs- und Wettbewerbskonzept und 1991 eine sog. „Crash-Analyse" der Firma Hayek Engineering AG erstellt worden waren, wurde Anfang 1991 von PTC und THA ein Strategiepapier zur weiteren Entwicklung der Mikroelektronik in den neuen Bundesländern erarbeitet (PTC 1994: 1ff). Wichtigstes Ziel war die standortübergreifende Erhaltung der Mikroelektronik, allerdings in einem reduziertem Umfang. An den Standorten Erfurt, Dresden, Frankfurt/Oder und Neuhaus sollten nach einer Verringerung der vertikalen Integration der Unternehmen noch 2000 Beschäftigte direkt in der Mikroelektronik beschäftigt werden. Das Produktionsprogramm sollte umgestellt werden, da eine Herstellung von Mikroprozessoren und Speicherchips aufgrund der fehlenden Konkurrenzfähigkeit auf dem Weltmarkt nicht mehr möglich war. Chancen wurden im Bereich von ASICs in CMOS-Technologie und ausgewählter bipolarer Schaltungen gesehen. Zur Stärkung der Kapitaldecke sollten nichtbetriebsnotwendige Teile, wie Grundstücke, Gebäude und andere Vermögenswerte veräußert werden. Privatisierungspartner waren zu suchen.

Gleichzeitig wurde die Notwendigkeit einer Entflechtung der Holding festgestellt. Diese erfolgte 1991, indem die Unternehmen des Halbleiterkerngeschäftsbereiches und die diesem nicht zugehörigen Unternehmen getrennt wurden. Letztere wurden zur weiteren Verwertung an die THA rückübertragen. Die verbleibenden Unternehmen ERMIC GmbH Erfurt, die Halbleiterwerk GmbH Frankfurt/Oder und die Mikroelektronik Neuhaus GmbH bildeten zusammen mit dem Zentrum Mikroelektronik Dresden GmbH (ZMD) am 4.5.1991 (mit Rückwirkung zum 1.7.1990) die neu gegründete Mikroelektronik und Technologie mbH (MTG) (Abb. 4). Bei dem ZMD handelt es sich um das ehemalige ZFTM, einem bis 1986 dem Kombinate ME Erfurt zugeordnetem Forschungsinstitut, das an das VEB Kombinat Carl-Zeiss-Jena übergegangen war. Da zur Erhaltung der Wettbewerbsfähigkeit der Mikroelektronik ein hoher FuE-Aufwand notwendig war, war dieses Institut von der THA an die PTC übertragen worden.

Eine erste Konsequenz aus den Transformationsmaßnahmen war der Zusammenbruch der geschäftlichen Beziehungen zum RGW, der unmittelbar mit der Einführung der D-Mark und dem Austritt der DDR aus dem RGW zusammenhing. Damit war der Absatzmarkt für die bisherigen Produkte weggebrochen. Mit der Entflechtung der Holding gingen gleichzeitig die bisherigen Liefer-, Absatz- und Kooperationsnetze verloren.

Mit der Überführung des Kombinates und der Entflechtung ging ein kontinuierlicher Arbeitskräfteabbau einher, um die Unternehmenseinheiten marktfähiger zu gestalten. Von 21.570 Arbeitnehmern, die zum 1.7.1990 in die MTG übernommen wurden, waren am 1.7.1992 noch 3.982 tätig. 9.189 Arbeitnehmern war von der MTG gekündigt worden, das Ausscheiden der übrigen Beschäftigten ist durch Aufhebungsverträge, Vorruhestand, Rente und die Kündigung durch die Arbeitnehmer zustande gekommen (PTC 1994: 30).

Nachdem die THA in der ersten Phase der Privatisierung nur etwa 10 % der Unternehmen veräußern konnte, war sie seit März 1991 zu einer passiven Sanierung ihrer Unternehmen übergegangen. Dies bedeutete das Einleiten von bewerberneutralen[24] Sanierungsmaßnahmen in den THA-Betrieben, wie die Bereinigung der Produktpalette, die Verbesserung der betrieblichen Informationssysteme, die Verringerung der Fertigungstiefe[25]. Gleichzeitig erfolgte eine Sanierungsfähigkeitsprüfung durch die THA, die anhand von eingereichten Unternehmenskonzepten vorgenommen wurde und eine Einteilung in sechs Gruppen, die von „kein weiterer Sanierungsbedarf" bis „Unternehmen ist nicht sanierungsfähig" reichten[26], zur Folge hatte (LICHTBLAU 1994: 46ff).

Die MTG erhielt von der THA bis Anfang 1992 etwa 500 Mio. DM Zuschüsse zur laufenden Kostendeckung und Sanierung, trotzdem waren die Verluste in diesem Zeitraum immer noch viermal höher als die Umsätze des Unternehmens (WÜPPER 2000: 9). Auch wurde die MTG von der Treuhand als „nicht sanierungsfähig" eingestuft. Aufgrund der sich weiter verschlechternden Situation in der Industrie der neuen Bundesländer und dem damit sich verstärkenden Druck der

---

[24]Die THA wollte den Kreis der potentiellen Käufer möglichst groß halten, weshalb sie nur Sanierungsschritte durchführte, die jeder Investor nach der Übernahme auch vorgenommen hätte (LICHTBLAU 1993: 533ff).

[25]Aktive Sanierungsschritte, wie Investitionen in die Einführung neuer Produkte, neuer Produktionstechnologien und Vertriebs- und Marketingstrategien wurden weitgehend nicht durchgeführt.

[26]70 % der etwa 7.000 Unternehmen, die sich im Herbst 1991 noch im Bestand der THA befanden, wurden als sanierungsfähig eingestuft, 10 % als „Sanierung zweifelhaft" und 20 % der Unternehmen galten als „nicht sanierungsfähig".

Öffentlichkeit auf die THA ab dem Jahreswechsel 1991/92 ging man zu einer aktiven Sanierung mit einer verstärkten Berücksichtigung von regionalwirtschaftlichen sowie struktur- und industriepolitischen Aspekten über. Von einer Liquidierung der MTG wurde deshalb Abstand genommen.

Entsprechend ihrer Privatisierungsaufgabe hatte sich die THA um Käufer für die Unternehmen der Mikroelektronik bemüht. Die Suche nach entsprechenden Partnern gestaltete sich jedoch äußerst schwierig. Die Schwäche auf den Halbleitermärkten weltweit verschärfte die Situation. Da die potentiellen Partner wenn überhaupt, dann nur zu Minderheitsbeteiligungen bereit waren, wurden finanzielle Beteiligungen der Bundesländer notwendig. Damit stieß jedoch das Vorhaben eines standortübergreifenden gemeinsamen Mikroelektronikunternehmens auf den Widerstand der Landesregierungen, die sich nicht dazu bereiterklärten, die finanzielle Verantwortung für Unternehmen zu übernehmen, die außerhalb ihres Landes angesiedelt waren. Infolgedessen scheiterte die Verbundlösung, die MTG ging zum 1.9.1992 in Liquidation. Für die Standorte wurden nun getrennte Lösungen gesucht[27] (BISCHOF/VON BISMARCK/CARLIN 1993: 22, PTC 1994: 19ff).

Am 18.8.1992 konnte das Kerngeschäft der Mikroelektronik am Standort Erfurt mit 480 Beschäftigten in eine neue Gesellschaft eingebracht werden. Die Thesys Gesellschaft für Mikroelektronik mbH erhielt von der THA eine Anschubfinanzierung von 125 Mio. DM, die Anteile wurden von dem US-amerikanischem Unternehmen LSI Logic Corp. (19,8 %) und die Thüringer Landesbank (80,2 %) gehalten (PTC 1994: 21).

Die Geschäftstätigkeit konzentrierte sich auf die Entwicklung und Produktion von ASICs in CMOS-Technologie. Die Kosten für die Produktion konnten um 35 % gesenkt werden, die Aufträge kamen zu 45 % aus den USA. In den folgenden Jahren stieg der Umsatz der Thesys bis 1995 kontinuierlich an, für 1996 war das Erreichen der Gewinnschwelle angepeilt. 1994 wurde das Münchener Unternehmen Advanced Electronics durch die Thesys übernommen. Doch durch die weltweite Absatzkrise in der Mikroelektronik Mitte der 90er Jahre musste die Thesys Umsatzverluste hinnehmen. 1995 übernahm die Austria Mikro Systeme International die Mehrheitsbeteiligung (51,25 %) bei der Thesys, was einen Bedeutungsverlust mit sich brachte, da nun fast ausschließlich in Auftrag gefertigt wurde und keine eigene Entwicklung mehr stattfand (HOFFMANN 2001: 60ff).

1998 wurde die Thesys von der belgischen Elex-Gruppe übernommen, die schon seit 1992 am Standort Erfurt vertreten war. Sie hatte schon einen Teil der Foundry des KME in ihrem Besitz

---

[27]Zur Entwicklung an den Standorten Dresden bzw. Frankfurt/Oder siehe Aufsätze von Plattner bzw. Canders in diesem Band.

und produzierte seitdem am Standort Erfurt Süd-Ost unter dem Namen X-FAB. Die Elex-Gruppe spaltete das Unternehmen in zwei selbständige Tochterunternehmen auf: eine weitere X-FAB aus dem Foundry-Bereich der Thesys und die Melexis GmbH. In diesen beiden Unternehmen sind heute etwa 500 Beschäftigte tätig.

Neben der Erhaltung des Kerngeschäfts der ehemaligen Kombinate wurden von der THA auch eine Vielzahl von Betrieben und Betriebsteilen privatisiert, die sich auf neue Produktionsschwerpunkte konzentrierten oder im Bereich der Dienstleistungen tätig wurden. Dies war durch die hohe vertikale und horizontale Integration der Kombinate, in die auch ein hoher Anteil branchenfremder Leistungen, wie Bautätigkeiten, Küche, Kindergärten etc. eingeschlossen war, zur Sicherung der Unternehmenstätigkeit notwendig. Insgesamt sind von der THA aus den 1989 3.428 bestehenden VEB, die in 125 zentralgeleiteten und 95 bezirksgeleiteten Kombinaten zusammengefasst waren, 14.816 Privatisierungen [28] und 2.579 Stillegungen vorgenommen worden (LICHTBLAU 1993: 11).

Dabei wird jedoch die Art und Weise dieser Privatisierungen kritisiert, da sie eine sehr einseitige Unternehmerstruktur hervorbrachte. Eine Untersuchung[29] (WINDOLF 1995: 51 ff) ergab, dass sich 62 % der von der THA privatisierten Betriebe im Besitz von Personen oder Unternehmen aus Westdeutschland, 9,5 % im Besitz ausländischer Investoren und 24,7 % der Unternehmen im Besitz von Personen oder Unternehmen aus Ostdeutschland befinden. 1,7 % aller Betriebe wurden gemeinsam von einem Eigentümer aus dem Osten und aus dem Westen gehalten (gleich hohe Beteiligung). Dabei variieren die Eigentumsverhältnisse mit der Unternehmensgröße: 89,5 % aller Betriebe in Ostdeutschland mit mehr als 400 Beschäftigten haben westdeutsche bzw. ausländische Unternehmen als Eigentümer.

Die Industriestruktur der neuen Bundesländer wird jedoch nicht nur von den von der THA privatisierten Unternehmen geprägt, sondern auch von Unternehmensneugründungen. Gerade in den ersten Jahren nach der Wirtschafts- und Währungsunion kam es zu einer Gründungswelle. So wurden von Juli 1990 bis März 1995 etwa eine Million Gewerbeanmeldungen verzeichnet[30]. Der Anteil der Unternehmensgründungen im Verarbeitenden Gewerbe beträgt etwa 11 %, was zwar relativ gering erscheint, aber dem Vergleichswert Westdeutschlands entspricht (FRITSCH 1996: 36). Die Privatisierungstätigkeit der THA und das Gründungsgeschehen führte jedoch zu

---

[28] diese setzten sich wie folgt zusammen: 6546 privatisierte Unternehmen, 7768 privatisierte Unternehmensteile und 502 privatisierte Bergwerksrechte (THA 1994)

[29] Es wurden 1994 1.247 Betrieben in den neuen Bundesländern mit mehr als 100 Beschäftigten befragt.

[30] Im gleichen Zeitrum wurden allerdings rund 520.000 Gewerbeabmeldungen registriert, was jedoch als normale Begleiterscheinung eines sich neu etablierenden Unternehmensbestandes angesehen werden kann (Fritsch 1996: 33).

starken Veränderungen in der industriellen Größenstruktur. Während 1991 noch 57,1 % der Beschäftigten in Betrieben mit mehr als 500 Arbeitnehmern tätig waren, waren dies schon 1993 nur noch ein Drittel, während in westdeutschen Unternehmen etwa die Hälfte der Beschäftigten in größeren Betrieben tätig sind (EICKELPASCH 1996: 3).

Am Standort Erfurt sind 117 Unternehmen mit 1.922 Arbeitsplätzen aus dem ehemaligen VEB MME privatisiert worden (Stand Ende 1993), die in einer Vielzahl von Geschäftsbereichen tätig sind, wie Medizintechnik, Tischlerei, Handelsvertretung etc. (HOFFMANN 2001: 41). Aber auch Unternehmen im Technologiebereich sind entstanden, die in ihrer Mehrzahl jedoch nicht im Bereich der Mikroelektronik arbeiten. Hier sind auch Aus- bzw. Neugründungen[31] von ehemaligen Mitarbeitern des VEB MME zu verzeichnen.

Mit der Auflösung der Kombinate und dem Personalabbau in den Betrieben ging ein starker Abbau im Forschungs- und Entwicklungsbereich einher. Ein großer Teil der Forschungsabteilungen der Kombinate, Einrichtungen der Hochschulen und der ehemaligen Akademie der Wissenschaften, die auf Belange der Industrie der DDR orientiert waren, wurden abgewickelt. So waren von den Anfang 1990 rund 75.000 Beschäftigten in der Industrieforschung Tätigen Ende 1994 nur noch 12.000 Beschäftigte angestellt (und davon fast jeder Dritte in einer Arbeitsbeschaffungsmaßnahme). Damit verringerte sich der Anteil der FuE-Beschäftigten an den Gesamtbeschäftigten im Verarbeitenden Gewerbe auf unter ein Prozent, während er in den Alten Bundesländern etwa 4 % beträgt (KOHN 2001: 20f).

In Erfurt konnte durch eine Privatisierung aus dem MME eine Forschungseinrichtung erhalten werden. Das CiS, Centrum für intelligente Sensorik (Institut Mikrosensorik) gGmbH wurde 1993 mit 35 Mitarbeitern privatisiert. Es arbeitet heute (2000) mit 55 Beschäftigten im Bereich der Mikrosystemtechnik, vor allem der FuE für Sensoren. Daneben arbeitet das IMMS Institut für Mikroelektronik und Mechatroniksysteme gGmbH mit 10 Mitarbeitern in Erfurt. Hierbei handelt es sich um eine Außenstelle eines Aninstitutes der TU Ilmenau. Aber auch Neuansiedlungen im Technologiebereich konnten in Erfurt verzeichnet werden.

Nach Schätzungen umfasst der gesamte Technologiebereich in Erfurt heute etwa 1300 Beschäftige in etwa 80 Unternehmen, davon etwa 500 in den von der THA aus dem VEB MME privatisierten Firmen X-Fab und Melexis und etwa 70-80 in den oben genannten Forschungsin-

---

[31]In der Literatur wird zwischen Um-, Aus- und Neugründungen unterschieden. Bei Umgründungen wird das bisherige Unternehmen liquidiert und ein neues Unternehmen gegründet, auf das die Wirtschaftsgüter übertragen werden. Ausgründungen entsprechen Umgründungen, mit dem Unterschied, dass Betriebsteile sich verselbständigen und nicht mehr in der ursprünglichen Organisationsform erhalten bleiben. Als Neugründungen werden Unternehmen bezeichnet, die ab einem bestimmten Zeitpunkt eine Geschäftätigkeit aufnehmen (Felder/Fier/Nerlinger 1997: 6). Am Untersuchungsstandort konnte nicht immer genau zwischen diesen Formen unterschieden werden.

stituten. Daneben existieren heute eine Vielzahl kleiner und mittlerer Unternehmen im Hochtechnologiebereich. Der Tätigkeitsschwerpunkt liegt allerdings nicht mehr allein auf der Mikroelektronik, sondern auch in den Bereichen Mikrosystemtechnik und Optoelektronik.

4 "Hightech-Standort Erfurt": Netzwerke zur Förderung der endogenen Entwicklung?

Der nach 1989 eingeleitete Transformationsprozess hat eine Zerschlagung der hierarchischen planwirtschaftlichen Strukturen bei gleichzeitiger Einführung marktwirtschaftlicher Strukturen bewirkt, entgegen der anfänglichen Prognosen jedoch auch einen Einbruch der industriellen Basis in den neuen Bundesländern. In diesem Zusammenhang wird die politische Entscheidung des Transformationsweges und die Arbeitsweise der Treuhand heute der Kritik unterzogen, da diese für eine selbsttragende wirtschaftliche Entwicklung der neuen Bundesländer ungünstige Unternehmensstrukturen bedingten (WINDOLF/BRINKMANN/KULKE 1999; WIESENTHAL 1995, 1999).

Die Zersplitterung der Kombinate der DDR und der Verkauf der einzelner Betriebe und Betriebsteile führte zum einen zu einer klein- bis mittelständisch strukturierten Wirtschaft und zum anderen zu einem Zerreisen der vorhanden Liefer-, Abnehmer- und Forschungsbeziehungen. Unternehmen im Besitz westlicher Investoren werden zum großen Teil in die vorhandenen Netze eingebunden. Das bedingt einerseits Verflechtungen, die fast ausschließlich in die alten Bundesländer gerichtet sind und andererseits häufig einen Verlust von Funktionen, die vom Mutterunternehmen mitgetragen werden, wie Marketing, Vertrieb, FuE etc. Die ostdeutschen Betriebe werden somit häufig zu verlängerten Werkbänken ohne regionale Einbindung (ALBACH 1993).

ALBACH (1993) thematisiert schon sehr früh die Transformation als Strukturwandel in Unternehmensnetzwerken[32]. Zuliefer- und Abnehmerverflechtungen wurden sowohl innerhalb der DDR durch die Auflösung der Kombinatsstrukturen als auch außerhalb durch die Einführung der DM zerstört. Albach argumentiert, dass neben Netzwerken der Güter und Dienstleistungen auch die Informationsnetzwerke (Produktqualitäts-Know-How, Produktionstechnologie-Know-How, Marketing-Know-How) eine erhebliche Rolle im Transformationsprozess spielten. Die THA musste deshalb in starkem Maße in ihre Betriebe investieren, um diese zum Zugang zu den Informationsnetzwerken der wettbewerbsfähigen Unternehmen im Westen zu befähigen (ebd.: 18). Dies bedeutete jedoch das Einklinken in westliche Netzwerke.

---

[32]Albach verwendet den Begriff „Netzwerk" im Sinne von Verflechtungen verschiedenster Art zwischen Unternehmen. Damit schließt er auch marktliche Zuliefererverflechtungen mit ein. Im folgenden soll jedoch Netzwerke als „Beziehungen zwischen Unternehmen, die über eine rein marktliche Organisation der Transaktionen hinausgehen" (Sydow 1992: 55) definiert werden.

In der sozialistischen Planwirtschaft existierende Verflechtungen zwischen Unternehmen sind somit im Transformationsprozeß systematisch aufgebrochen worden. Diese waren zum größten Teil hierarchisch organisiert, wie im Kap. 1 am Beispiel des VEB MME dargestellt wurde, und können nicht als Netzwerke im hier gebrauchten Sinne bezeichnet werden[21]. Möglicherweise hätten hier aber aus vorhandenen Verbindungen kooperative Kontakte in Form von Netzwerken aufgebaut werden können. Diese Option konnte nicht wahrgenommen werden.

Neben der Überleitung marktfähiger Reste der Kombinate kam es auch zu einer Anzahl von aus- bzw. neugegründeten Unternehmen, die allerdings eine sehr geringe Größe aufweisen. Sie agieren häufig in innovativen Hochtechnologiebereichen. Gerade für solche innovationsintensiven KMU erscheint eine Einbindung in regionale Netzwerke zwischenbetrieblicher Austauschbeziehungen, die über marktförmige Anbieter-Kunden-Beziehungen hinausgehen notwendig. Da solche aufgrund des Transformationsprozesses nicht (mehr) vorhanden sind, und sich auch die starke Verringerung der FuE-Einrichtungen und dessen Personals in zunehmenden Maße als problematisch erweist, werden schon seit einiger Zeit vielfältige Unterstützungsprogramme für KMU aufgelegt. Auffallend dabei ist jedoch das Fehlen einer explizit regionalen Ebene.

Diese wird weder von der THA - da sie nur einen Privatisierungs- aber keinen strukturpolitischen Auftrag besaß - noch von sonstigen Einrichtungen von Bund und Ländern (BMWi etc.) explizit berücksichtigt. Zwar verfolgte die Treuhandanstalt in der dritten Phase der Privatisierung (aktive Sanierung) den Ansatz des „Erhalts industrieller Kerne". Hierbei handelt es sich aber um Bemühungen zum Erhalt einer industriellen Basis zur Vermeidung von Massenarbeitslosigkeit. Die aus strukturpolitischen Gründen erhaltenen Mittel- bis Großbetriebe sollten dabei als „Kristallisationspunkt" für eine weitere wirtschaftliche Entwicklung (analog zu Wachstumspolkonzepten) dienen (zum Konzept vgl. NOLTE/ZIEGLER 1994).

Die Bemühungen von Bund und Ländern (in erster Linie BMWi und BMFT) konzentrierten sich auf eine einzelbetriebliche Unterstützung von KMU. Eine Vielzahl von Programmen wurden initiiert, die neben der Erleichterung des Marktzutritts und Hilfen zum Informationstransfer auch Unterstützung zur Entwicklung neuer Produkte und eine Forschungskooperationsförderung vorsehen. In Thüringen ist entsprechend eine vielfältige institutionelle Infrastruktur zur Unterstützung der KMU geschaffen worden. So wurde auch in Erfurt ein Transferzentrum eingerichtet, das sich speziell um die Branche Mikroelektronik kümmerte (Transferzentrum Mikroelektronik, TZM). Es ist eine differenzierte Unternehmensdatenbank eingerichtet worden, die sowohl ansässigen Unternehmen Auskunft über mögliche Partner innerhalb der Region, als auch auswärtigen potentiellen Kunden Informationen zu regionalen Unternehmen liefern soll. Daneben wurden Informationsveranstaltungen zu technologischen Trends initiiert, seit 1996 wird regelmäßig eine Fachmesse mit Symposium für die Bereich Mikroelektronik, Optoelektronik und Infrarottechnologie abgehalten. Alle diese Initiativen verfolgen das Ziel einer Unterstützung der einheimischen Unternehmen durch die Erleichterung des Informationszuganges zu neuen fachlichen Trends, also eines Technologietransfers nach innen, und potentiellen Kunden im In- und Ausland, also einer Weltmarktöffnung nach außen und somit die Eröffnung der Möglichkeit des Einklinkens in überregionale Branchennetzwerke.

Ähnliche Ziele werden heute mit dem ebenfalls vom TZM[33] initiierten „Cluster Mikrotechnik Thüringen" verfolgt, das aus Unternehmen und Einrichtungen der Mikrotechnik einschließlich der Anwender zusammengesetzt sein soll. Hier werden verschiedenste Initiativen zur Stärkung des „Mikrotechnikstandortes Thüringen" zusammengefasst, wie die Koordinierung mikrotechnischer Dienstleistungsangebote, Kontakte zu Projektträgern relevanter europäischer/nationaler Programme, Fachausstellungen, Workshops etc., Kooperationen mit weiteren "Clustern" und Werbung an Bildungseinrichtungen zur Motivation für die Mikrosystemtechnik. All diese Initiativen sollen letztlich zur Stärkung der Unternehmen in Thüringen dienen und ihre Wettbewerbsfähigkeit erhöhen. Dabei spielen Zielsetzungen wie Kooperationen der Unternehmen innerhalb der Region zur Stärkung des Wirtschaftsstandortes keine Rolle.

Die Stiftung für Technologie- und Innovationsförderung Thüringen (STIFT) legt neben Dienstleistungen für KMU (Erfinderzentrum, Existenzgründerprogramme etc.) ihr Augenmerk auf die Infrastrukturförderung im Freistaat. Neben Projekten in Ilmenau und Weimar entsteht zur Zeit in Erfurt das Anwendungszentrum Mikrosystemtechnik (AZM). Dieses Infrastrukturprojekt entsteht mit Hilfe von Fördermitteln des Thüringer Wirtschaftsministeriums aus EFRE-Mitteln sowie Eigenmitteln der STIFT (insg. 42 Mio. DM) in einem ehemaligen Gebäude des MME. Hier soll eine für die Mikrosystemtechnik typische Spezialausstattung, wie Reinräume und klimatisierte Labore zur Verfügung gestellt werden. Die Nutzerstruktur soll differenziert sein und aus Forschungsinstituten, Dienstleistern und Produktionsbetrieben bestehen, die sich gegenseitig ergänzen. So werden sowohl das schon erwähnte CiS als auch das IMMS Mieter. Hinzu kommen produzierende Unternehmen im Bereich der Photovoltaik, die in einer Zuliefer-Abnehmerbeziehung im Bereich der Produktentwicklung miteinander kooperieren wollen. Auch hofft man auf Neuansiedlungen, die von der Infrastruktur und der Zusammenarbeit mit den schon ansässigen Unternehmen profitieren können. Damit geht das von einem Unternehmensbe-

---

[33]Aufgrund einer Studie des IFO-Institutes zum Technologietransfer 1997/98, die eine Angliederung der Transferzentren an wirtschaftsnahe Forschungseinrichtungen empfiehlt, ist das TZM ist 1999 an das CiS (Institut für Mikrosensorik gGmbH angeschlossen worden.

rater erarbeitet Konzept des AZM über die reine Bereitstellung von Infrastruktur hinaus. Hier wird explizit an Synergieeffekte durch Kooperationen im Bereich FuE gedacht und eine aktive Standortpolitik betrieben, indem auch westdeutsche Unternehmen gezielt angeworben werden (FREYTEC 1998) (Abb. 6).

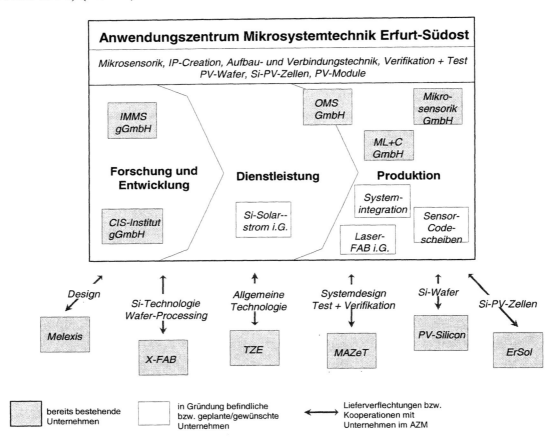

Abb. 6: **Konzept des Anwenderzentrums Mikroelektronik Erfurt Süd-Ost**
Quelle: FREYTEC 1998, verändert

Im Überblick stellt sich die Förderlandschaft für die High-Tech-Unternehmen des Standortes Erfurt somit durchaus vielfältig dar. Die bereitgestellten Programme von Bund und Ländern stellen in erster Linie Infrastrukturen zur Verfügung und unterstützen Unternehmen durch Erleichterung von Zugängen zu Informationen und Märkten. Dies ist letztlich jedoch eine einzelbetriebliche Perspektive, die auf einen Technologietransfer von außen, also außerhalb des Unternehmens wie auch außerhalb der Region abstellt. Kooperationsbeziehungen innerhalb der Regionen werden nicht angestrebt. Diese werden auch von den Verantwortlichen vor Ort (STIFT, TZM etc.) weder eingefordert noch für möglich gehalten. Grund dafür ist die geringe Basis sowohl an Technologieunternehmen als auch an industriellen Unternehmen als potentielle Kunden. Das Beispiel AZM zeigt jedoch, dass aufgrund eines schlüssigen Konzeptes und der sinnvollen Nutzung von Fördergeldern auch Möglichkeiten bestehen, zumindest den Versuch zu starten, Kooperationen zu initiieren und zu fördern und damit eine Bündelung regionaler Kompetenzen zu ermöglichen. Mit der heute jedoch überwiegenden Förderpolitik werden Ansätze einer kooperativen regionalen Entwicklung nicht verfolgt und damit wird eine Chance vergeben, die Unternehmen auf regionaler Ebene zu stärken.

5   Literatur

ALBACH, H. (1993): Zerrissene Netze: eine Netzwerkanalyse des ostdeutschen Transformationsprozesses. Berlin.

ARNOLD, H. U. A. (1967): Die komplexe sozialistische Rationalisierung in der Industrie der DDR. Berlin (Ost).

BATHELT, H. (1998): Regionales Wachstum in vernetzten Strukturen: Konzeptioneller Überblick und kritische Bewertung des Phänomens 'Drittes Italien'. In: Die Erde, Jg. 129, S. 247-271.

BECATTINI, G. (1990): The Marshallian industrial district as a socio-economic notion. In: Pyke, F. and W. Sengenberger (Eds.): Industrial districts and inter-firm co-operation in Italy. Genf, S. 37-51.

BISCHOF, R. / VON BISMARK, G. / CARLIN, W. (1993): From Kombinat to Private Enterprise: Two Case Studies in East German Privatisation. Discussion Papers in Economics 2, University College London.

DECHANT, U. (1999): Manegement-Buy-Out als Instrument zur Privatisierung der ostdeutschen Industrieunternehmen. Ein Beitrag zur Erfolgsfaktorenforschung in Sanierungsunternehmen. Berlin.

EICKELPASCH, A. (1996): Industrieller Mittelstand in Ostdeutschland. In: Informationen zur Raumentwicklung, H. 1, S. 1-13.

FREYTEC (1998): Hightech-Standort Erfurt Südost.. Investitionsprojekt Anwendungszentrum Mikrosystemtechnik. Erfurt. Unveröffentlicht.

FELDER, J. / FIER, A. /NERLINGER, E. (1997): Neue Unternehmen in Ostdeutschland. Unternehmensgründungen in technologieintensiven Wirtschaftszweigen des verarbeitenden Gewerbes. In: Zeitschrift für Wirtschaftsgeographie, Jg. 41, H.1, S. 1-16.

FRITSCH, F. (1996): Struktur und Dynamik des betrieblichen Gründungsgeschehens in den neuen Bundesländern. In: PREISENDÖRFER, P. (Hrsg.): Prozesse der Neugründung von Betrieben in Ostdeutschland. Rostocker Beiträge zur Regional- und Strukturforschung, H. 2, S. 31-45.

FRITZE, L. (1993): Kommandowirtschaft: Ein wissenschaftlicher Erlebnisbericht über Machtverhältnisse, Organisationsstrukturen und Funktionsmechanismen im Kombinat. In: Leviathan, Jg. 21, S. 174-204.

FROMHOLD-EISEBITH, M. (1995): Das „kreative Milieu" als Motor regionalwirtschaftlicher Entwicklung. Forschungstrends und Erfassungsmöglichkeiten. In: Geographische Zeitschrift, Jg. 83, S. 1, S. 30-47.

GIELOW, G. (1994): Entwicklungsmuster lokaler Innovationspolitik in West- und Ostdeutschland. In: FRITSCH, M. (Hrsg.) (1994): Potentiale für einen „Aufschwung Ost". Wirtschaftsentwicklung und Innovationstransfer in den Neuen Bundesländern. Berlin, S. 231-253.

HASSINK, R. (1997): Die Bedeutung der Lernenden Region für die regionale Innovationsförderung. In: Geographische Zeitschrift, Jg. 85, S. 159-173.

HOFFMAN, D. (2001): Das KME im Transformationsprozess nach 1990 und die Bemühungen um den Erhalt der Mikroelektronikindustrie am Standort Erfurt. Diplomarbeit, Marburg.

KOHN, H. (2001): Externe Industrieforschung im Wettbewerb. (Verband innovativer Unternehmen e.V., H. 5), Dresden.

KRÖMKE, C. / FRIEDRICH, G. (1987): Kombinate. Rückgrat sozialistischer Planwirtschaft. Berlin (Ost).

KRÖMKE, C. / ROUSCIK, L. (1961): Konzentration, Spezialisierung, Kooperation, Kombination in der Industrie der DDR. Berlin (Ost).

LICHTBLAU, K. (1993): Privatisierungs- und Sanierungsarbeit der Treuhandanstalt. (Beiträge zur Wirtschafts- und Sozialpolitik . Institut der deutschen Wirtschaft Köln, 209) Köln.

MAILLAT, D. (1998): Vom 'Industrial District' zum innovativen Milieu: ein Beitrag zur Analyse der lokalisierten Produktionssysteme. In: Geographische Zeitschrift, Jg. 86, S. 1-15.

MANDLER, D. (1986): Grundlagen für Entwicklungsstrategien der Mikroelektronik im Rahmen der Reproduktionsbedingungen der DDR, untersucht am Beispiel der langfristigen Entwicklung des VEB MME bis 1995. Ilmenau. Unveröffentlichte Dissertation.

MÜLLER, S. (1999): Zielsetzung, Aufbau und Bedeutung der Mikroelektronikindustrie für das planwirtschftliche System der DDR – untersucht am Beispiel des VEB Mikroelektronik „Karl Marx" Erfurt. Diplomarbeit, Marburg.

NOLTE, D. / ZIEGLER, S. (1994): Neue Wege einer regional –und sektoralorientierten Strukturpolitik in den neuen Ländern. Zur Diskussion um den „Erhalt industrieller Kerne". In: Informationen zur Raumentwicklung, H. 4, S. 255-265.

POLLEI, H. (1993): Kombinat Mikroelektronik Erfurt. Jäher Aufstieg und Fall ins Bodenlose. In: Die Wirtschaft (Hrsg.): Kombinate. Was aus ihnen geworden ist. Reportagen aus den neuen Ländern. München, S. 317-331.

PTC (Hrsg.) (1994): Die PTC-electronic-AG von 1990 bis 1994. Bericht des Aufsichtsrates. Erfurt.

SEIFERT, H. U. A. (1978): Zur Geschichte der politischen Ökonomie des Sozialismus. Berlin (Ost).

SCHAMP, E.W. (2000): Vernetzte Produktion. Industriegeographie aus institutioneller Perspektive. Darmstadt.

SEMLINGER, K. (1994): Kooperative Regionalentwicklung durch Mittelstandsförderung. In: FRITSCH, M. (Hrsg.): Potentiale für einen „Aufschwung Ost". Wirtschaftsenwicklung und Innovationstransfer in den Neuen Bundesländern. Berlin, S. 89-113.

Statistisches Jahrbuch der DDR, verschiedene Jahrgänge

SYDOW, J. (1992). Strategische Netzwerke. Evolution und Organisation. Wiesbaden.

VEB FUNKWERK ERFURT (Hrsg.) (1980): Der Beitrag des Betriebes am Aufbau der Grundlagen des Sozialismus 1950-1961. Erfurt.

WENZEL, B. (1989). Ein Beitrag zur Geschichte der Mikroelektronik unter besonderer Berücksichtigung der Entwicklung der Halbleiter- und Mikroelektronik in der DDR. Ilmenau. Unveröffentlichte Dissertation.

WENZEL, B. (1989). Ein Beitrag zur Geschichte der Mikroelektronik unter besonderer Berücksichtigung der Entwicklung der Halbleiter- und Mikroelektronik in der DDR. Ilmenau. Unveröffentlichte Dissertation.

WIESENTHAL, H. (1995): Einleitung: Grundlinien der Transformation Ostdeutschlands und die Rolle korporativer Akteure. In: Wiesenthal, H. (Hrsg.): Einheit als Interessenpolitik. Frankfurt a.M, New York, S, 8-33.

WIESENTHAL, H. (1999): Die Transformation der DDR. Verfahren und Resultate. Gütersloh.

WILLIAMSON, O.E. (1975); Markets and Hierarchies: Analysis and Antitrust Implications. A study in the Economics of Internal Organization. London.

WILLIAMSON, O.E. (1990): Die ökonomischen Institutionen des Kapitalismus. Unternehmen, Märkte, Kooperationen. Tübingen.

WINDOLF, P. / BRINKMANN, U. / KULKE, D. (1999): Warum blüht der Osten nicht?: zur Transformation der ostdeutschen Betriebe. Berlin.

WÜPPER, T. (2000): Mikroelektronik in Ostdeutschland – Jubel und Enttäuschung liegen dicht beisammen. In: Frankfurter Rundschau vom 29.4.2000, S. 9.

Archivmaterial

Betriebsarchiv der PTC-electronic-AG i.L. Erfurt: Betriebsgeschichte 1.538.006.01.01: Chronik, Bilder, Betriebsentwicklung von 12/69-11/90.

Die Mikroelektronikindustrie in Frankfurt/Oder vor dem Hintergrund des Systemwechsels – Entwicklung und Auswirkungen auf den Standort

Anne Canders

Inhalt:

Verzeichnis der Tabellen:

Verzeichnis der Abbildungen:

1   Einleitung

In diesem Beitrag stehen die Auswirkungen der Systemtransformation auf die Halbleiterindustrie in Frankfurt/Oder im Mittelpunkt. Die regionale wirtschaftliche Dynamik spiegelt sich in der Bevölkerungs- und Siedlungsentwicklung bzw. im Auf- und Abstieg der Stadt, die unter dem Einfluss der handelnden Akteure und des jeweils vorherrschenden Akkumulations- und Regulationssystems steht. Zunächst wird die Standortentwicklung der Schlüsselindustrie im planwirtschaftlichen System der DDR dargestellt. Der grundlegende Wandel der volkswirtschaftlichen und politischen Rahmenbedingungen von der zentralen Planwirtschaft sowjetischen Typs in die sozialen Marktwirtschaft der BRD beeinflusst erneut die Standortvoraussetzungen und die regionalwirtschaftliche Entwicklung. Nach der Wirtschafts-, Währungs- und Sozialunion im Juni 1990 stellt sich die Frage, ob die vom VEB Halbleiterwerk Frankfurt/Oder dominierten standörtlichen Monostrukturen neu in Wert gesetzt werden können.

Vor dem Hintergrund der Regulationstheorie, die in ihrer Betrachtungsweise eine Verbindung zwischen wirtschaftlichen, sozialen, institutionellen und politischen Rahmenbedingungen eines Raumes herstellt und deren Bedeutung für die jeweilige raumwirtschaftliche Entwicklung betont wird, sollen die Rahmenbedingungen dieser Entwicklung untersucht werden. Mit Hilfe des Instrumentariums "*Regulationssystem*" und "*Akkumulationsregime*" sollen der Einfluss der staatlichen Regulation beim Aufbau der lokalen Industriestrukturen und deren Bedeutung für die weitere standörtliche Entwicklung herausgearbeitet werden. Daher wird zunächst ein Überblick über die Grundelemente der Regulationstheorie gegeben bevor näher auf die Rahmenbedingungen der Standortentwicklung in der Stadt Frankfurt/Oder eingegangen wird.

2   Die Grundelemente regulationstheoretischer Ansätze

Ausgangspunkt der verschiedenen Ansätze, die man der Regulationstheorie[34] zuordnet, ist die Analyse der langfristigen Entwicklung von Volkswirtschaften mit der Zielsetzung, eine Erklärung für den Wechsel von Phasen relativ stabilen wirtschaftlichen Wachstums und Phasen krisenhafter Entwicklungen zu finden. Im Gegensatz zu anderen Theorien des langfristigen wirtschaftlichen und gesellschaftlichen Wandels, wie etwa der "Theorie der langen Wellen" von J. A. SCHUMPETER, bezieht die Regulationstheorie den wirtschaftlichen, technologischen, politischen

---

[34] Die Regulationstheorie wurde Mitte der 70er Jahre in Frankreich entwickelt. Ein einheitlicher, geschlossener regulationstheoretischer Forschungsansatz existiert allerdings nicht. Dennoch beinhalten die verschiedenen Ansätze gemeinsame Grundelemente, auf die sich in Anlehnung an BATHELT der Begriff der "Regulationstheorie" im folgenden beziehen soll (BATHELT 1994: 64f).

und gesellschaftlichen Handlungsrahmen mit in ihr Konzept ein, welche in der langfristigen Betrachtungsweise immer wieder strukturellen Veränderungen unterworfen sind, und stellt dessen Bedeutung für die regionalwirtschaftliche Entwicklung heraus (BATHELT 1994: 65). Die Entwicklung der Gesellschaft wird als eine Abfolge besonderer historischer Formationen begriffen, die sich jeweils durch den Verbund eines bestimmten 'Akkumulationsregimes' (Wachstumsstruktur) mit einer bestimmten politisch-institutionellen 'Regulationsweise' (Koordinationsmechanismus) charakterisieren lässt (OTT 1997: 215f). Diese beiden Teilkomplexe beeinflussen sich wechselseitig, besitzen aber dennoch eine gewisse Eigendynamik (BATHELT 1994: 65).[35] Abbildung 1 zeigt die Grundstruktur der Zusammenhänge wirtschafts-gesellschaftlicher Beziehungen.

Die *Regulationsweise* umfasst die vorherrschenden Normen, Regeln, Gesetze, Politiken, Machtverhältnisse, gesellschaftlichen Bedürfnisse und kulturellen Gewohnheiten der Gesellschaft. Sie definiert den wirtschaftlichen, gesellschaftlichen und politischen Handlungsrahmen, in dem die Austauschprozesse zwischen Produktion und Konsum ablaufen. Dieser Koordinationsmechanismus ist Ausdruck der wirtschaftlichen Beziehungen und Strategien und regelt das Verhalten von Individuen und Gruppen, so dass konsistente makroökonomische Produktions- und Konsumbeziehungen möglich sind. Dieser prinzipielle Handlungsrahmen umfasst u.a. die Arbeits-Lohn-Beziehungen, das Geld- und Kreditsystem, die Wettbewerbsart, die Art der Staatsintervention sowie die internationalen Handelsbeziehungen und wird i.d.R. durch den Staat mittels Gesetze und Politiken festgelegt (BATHELT 1994: 68f) (vgl. Abb. 1).

Damit bedeutet Regulation auch das Eingreifen des Staates in das Akkumulationssystem. Alle Elemente einer Produktionskette werden durch politische Strukturen beeinflusst und zum Teil gesteuert, wobei die spezielle Politikorientierung und der "Policy-Mix" je nach politischer, sozialer und kultureller Komplexität eines jeden Staates variiert. Genauso wie es eine grosse Diversität unternehmerischen Verhaltens gibt, variieren die Staaten in ihrem Verhalten je nach ihrer Position entlang des ideologischen Spektrums (DICKEN 1998: 9f). Die Regulationsweise bildet also den Rahmen für den Wirtschaftsprozess in Form verbindlicher, rechtlicher und institutioneller Regelungen, in dem die Unternehmen mehr oder weniger frei agieren können und an dem sie ihre Produktions-, Innovations- und Investitionsentscheidungen ausrichten müssen (SCHÜLLER/KRÜSSELBERG 1998: 11).

---

[35] Diese Aufteilung ist in den verschiedenen regulationstheoretischen Ansätzen nicht einheitlich. BATHELT hat in Anlehnung an LIPIETZ und HIRSCH eine klare konzeptionelle Trennung zwischen dem Akkumulationsregime und der Regulationsweise vorgenommen, die auch hier übernommen werden soll.

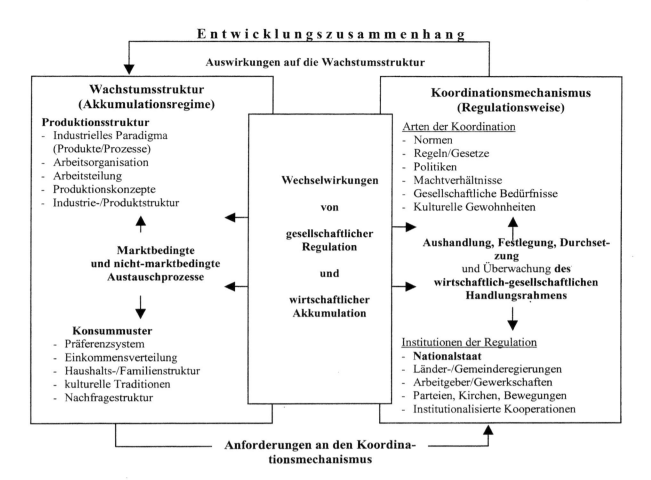

Abb. 1: Die regulationstheoretische Grundstruktur der wirtschaftlich-gesellschaftlichen Beziehungen in einer Volkswirtschaft
Quelle: nach BATHELT 1994: 66

Das *Akkumulationsregime* leitet sich aus dem Zusammenwirken der Produktionsstruktur mit dem vorherrschenden Konsummuster ab. Alle Beteiligten an den Auseinandersetzungen um die zukünftige Gestalt der sozialen Systeme müssen ihre Absichten in einer vergleichsweise ähnlichen Situation verfolgen. Daraus ergibt sich ein "industrielles Paradigma" als gesellschaftlicher Kompromiss, das durch die vorherrschenden Produkt- und Prozesstechnologien gekennzeichnet ist. Dieses prägt die wirtschaftliche, technische und gesellschaftliche Entwicklung und wird von den Unternehmen, dem Management, den abhängig Beschäftigten und den staatlichen Akteuren bei ihren Handlungen mehr oder weniger akzeptiert (DANIELZYK/OSSENBRÜGGE 1993: 212f; BATHELT 1994: 67). Demnach umfasst das Akkumulationsregime zum einen die wirtschaftlichen Elemente, d.h. die natürlichen und sachlichen Ressourcen sowie die Menschen in ihrer Rolle als Produzenten und Konsumenten, zum anderen die wirtschaftlichen Beziehungen, d.h. die Produktions-, Verteilungs- und Konsumprozesse in und zwischen den Wirtschaftseinheiten (SCHÜL-LER/KRÜSSELBERG 1998: 11). Innerhalb eines Akkumulationsregimes bestehen verschiedene

Arten von Organisationsformen mit unterschiedlicher Merkmalsausprägung, die von transnational-national-regional, über gross-klein, zu öffentlich-privat reichen. Die Kombinationen und Beziehungen können sich so darstellen, dass jede Funktion einer Produktionskette von individuellen, unabhängigen Unternehmen durchgeführt wird, so dass die Verbindungen der Kette aus einer Serie von externalisierten Transaktionen bestehen, d.h. durch den Markt organisiert werden. Die ganze Produktionskette kann aber auch aus einem einzigen Unternehmen bestehen, ein sogenannten vertikal integriertes System. In diesem Fall bestehen die Verbindungen zwischen den einzelnen Gliedern aus einer Serie von internalisierten Transaktionen, die mittels der internen Struktur des Unternehmens hierarchisch organisiert werden (DICKEN 1998: 7ff).

Die Attraktivität des Regulationsansatzes beruht auf der Verbindung ökonomischer, sozialer, institutioneller und politischer Aspekte, anhand derer die räumlichen Konsequenzen unterschiedlicher Regulationsformen analysiert werden können. Dieses gilt nicht nur für die zeitliche Periodisierung unterschiedlicher Formationen in einem Land bzw. einer Region, sondern erlaubt auch die Übertragung des regulationstheoretischen Instrumentariums auf die Transformation[36] vom Sozialismus zur Marktwirtschaft, da der Transformationsbegriff ebenfalls einen prozessualen, langfristigen Charakter trägt. In diesem Sinne wäre der allmähliche Niedergang und das plötzliche Ende der DDR als Regulationskrise zu deuten (OTT 1997: 216f). Entsprechend den theoretischen Vorüberlegungen sollte die sozioökonomische Entwicklung einer Region als Resultat der Wechselwirkungen zwischen Akkumulationsregime (ihren Ressourcen, technologischen Produktionsbedingungen, wirtschaftlichen Verflechtungen) und Regulationssystem (ihren besonderen, historisch gewachsenen sozialen, kulturellen und politischen Orientierungen, Interaktionsmustern und Organisationsformen) betrachtet werden.

Da eine Darstellung sämtlicher Bestandteile des jeweiligen Regulations- und Akkumulationssystems im Rahmen dieses Beitrages nicht möglich ist, wird sich die folgende Analyse im Rahmen des Akkumulationsregimes auf die Produktions- und Organisationsstrukturen des dominierenden Wirtschaftspotentials des Standortes konzentrieren. Da es sich hierbei um einen Halbleiterproduktionsbetrieb handelt, werden die für seinen Aufbau und die weitere Entwicklung relevanten Politiken als Elemente der Regulationsweise herausgegriffen, wobei Auf- und Ausbau

---

[36] Im allgemeinen bedeutet *Transformation* Wandel bzw. Veränderung im Zeitablauf (KLOTEN 1991: 7). Bei der Transformation von Wirtschaftssystemen handelt es sich um einen Prozess, in dem die konstituierenden Merkmale einer Wirtschaftsordnung durch die einer anderen ersetzt werden, mit dem Ergebnis, dass das gesamte Wirtschaftssystem, also sowohl die Wirtschaftsordnung wie auch der Wirtschaftsprozess, grundlegend umstrukturiert werden (SCHÜLLER/KRÜSSELBERG 1998: 163). Nach KLOTEN (1991: 8f) ist die Transformation von Wirtschaftssystemen der *"durch politischen Gestaltungswillen und politisches Handeln ausgelöste Prozess (...), der durch eine Substitution gegebener ordnungskonstituierender Merkmale durch andere einen 'qualitativen' Sprung derart bewirkt, dass es zu einer Ablösung des alten Systems durch ein neues kommt"*.

unter die Rahmenbedingungen des DDR-Regimes fallen und die weitere Entwicklung sich seit 1989 unter den völlig geänderten Rahmenbedingungen der Transformation in das Wirtschafts- und Gesellschaftssystem der BRD vollzog.

3 Die Entwicklung der Stadt Frankfurt/Oder zum Mikroelektronikstandort durch das sozialistische Planungssystem

3.1 Zur Regulation und Akkumulation in der sozialistischen Planwirtschaft der DDR

Das Wirtschaftssystem der DDR war durch die Verfassung und das Parteiprogramm der SED als *"sozialistische Planwirtschaft"* festgeschrieben (SCHÜLLER/KRÜSSELBERG 1998: 141). Abgesehen von spezifischen Anpassungen an die ostdeutschen Verhältnisse handelte es sich dabei um eine Übernahme des sowjetischen Wirtschafts- und Gesellschaftsmodells (OTT 1997: 217).

Tab. 1: Regulationsweise und Akkumulationsregime im planwirtschaftlichen System der DDR

Regulationsweise	Akkumulationsregime
Arten der Koordination: - "demokratischer Zentralismus" als Einparteiendiktatur in allen Wirtschafts- und Gesellschaftsbereichen - Überwachung der Individuen und Institutionen durch Geheimpolizei - informelle Protomärkte zum Ausgleich der Systemschwächen	Produktionsstruktur: - zentralistische Planwirtschaft - RGW-Kooperation - extreme horizontale und vertikale Integration - Standardprodukte ohne Serienvielfalt - Dominanz des Sekundären Sektors - Produktionsengpässe
Institutionen der Koordination: - RGW, Einfluss der UdSSR - Staats- und Parteiführung - Bezirksleitung - Betriebe - Massenorganisationen mit "Transmissionsriemen"-Funktion - Informelle Proto- und Tauschmärkte	Konsummuster: - kollektivistisch - relativ homogene Einkommensverteilung - traditionelle Haushalts- und Familienstruktur - Kultur und Tradition als Instrumente der Partei - Nachfrage dominiert Raumstruktur: staatlich vorgegebene Standortstruktur

Quelle: nach Ott 1997: 218

Wirtschaftsordnung und –ablauf unterlagen damit dem marxistisch-leninistischen *Prinzip des Primats der Politik über die Ökonomie* und dem Führungsanspruch der SED und wurden durch einen hierarchisch organisierten Staatsapparat verwirklicht, so dass Regulations- und Akkumulationssystem eng miteinander verbunden waren. Von der Politischen Ökonomie des Marxismus/Leninismus ausgehend, war das Wirtschaftsverständnis der SED in hohem Maße ideologisch geprägt. An die Stelle des Konkurrenzzwanges und der Mechanismen der Marktwirtschaft sollte eine gesamtwirtschaftliche Planung auf der Grundlage des vergesellschafteten Eigentums treten (SCHÜLLER/KRÜSSELBERG 1998: 141, 149).

Da für die weiteren Ausführungen in diesem Beitrag nur einzelne Elemente des Regulations- und Akkumulationssystem von Bedeutung sind, die im Folgenden vorgestellt werden, soll an dieser Stelle auf ausführliche Erläuterungen verzichtet und auf Abbildung 2 verwiesen werden.

3.2 Industriepolitische und territorialplanerische Prinzipien als Basis der Standortentscheidung

Um den wissenschaftlich-technischen Fortschritt voranzutreiben und die Wirtschaftskraft zu stärken, war das oberste Ziel der DDR nach dem Zweiten Weltkrieg die Rationalisierung und Automatisierung der Volkswirtschaft. Dafür galt es eine eigene Produktion von Halbleiterbauelementen aufzubauen und den bestehenden Vorsprung der nichtsozialistischen Staaten auf diesem Gebiet aufzuholen (DERKSEN/TRIPPLER o.J.a: 8).

Im Gegensatz zu den Mikroelektronikstandorten in Dresden und Erfurt ging das Halbleiterwerk in Frankfurt/Oder nicht aus einem traditionellen Betrieb der Elektronikbranche hervor. Die Entscheidung für den Makrostandort Frankfurt/Oder leitete sich aus den Prinzipien der Industriepolitik und Territorialplanung der 50er Jahre ab, die als Teile der Volkswirtschaftsplanung an marxistisch-leninistischen Vorbildern orientiert waren. Planerisches Ziel war es, eine sozialistische Territorialstruktur zu verwirklichen, die den Stadt-Land-Gegensatz abbauen und ein national einheitliches Lebensniveau schaffen würde. Auch Produktionsniveau, Industrialisierungsgrad, infrastrukturelle Ausstattung und Siedlungsstruktur sollten national einheitlich gestaltet werden. Nach sowjetischem Vorbild setzte in den 50er Jahren eine Industriepolitik ein, welche die Neuschaffung großer Industriekomplexe in Gebieten außerhalb der Berliner Region förderte. Dafür spielten Motive wie Unabhängigkeit von den nichtsozialistischen Staaten und Herstellung industrieller Verflechtungen mit östlichen Nachbarstaaten innerhalb des Rates für gegenseitige Wirtschaftshilfe (RGW) sowie der Abbau regionaler Disparitäten eine Rolle (VALERIUS 1998: 3). Gebiete, wie die Region Frankfurt/Oder, die bisher mehr landwirtschaftlich geprägt waren, wurden gezielt industrialisiert und Investitionsmittel aus den Industrie- und Ballungsgebieten in die Agrarbezirke umverteilt.

Durch territoriale Spezialisierung sollte in Anlehnung an das fordistische Produktionsmodell die planmäßige Entwicklung eines Systems standortrichtiger, vertikal integrierter Betriebe verwirklicht werden, die von der Urproduktion bis zum Endprodukt komparative Kostenvorteilen nutzten und die Transportkosten minimierten. Bei strenger Anwendung lief dieses Konzept auf eine Tendenz zu Monostrukturen hinaus, die aber aufgrund der Annahme der Krisenfreiheit des Wirtschaftssystems bewusst angestrebt wurden (STRUBELT et al. 1996: 21f).[37]

Durch ihre historische Entwicklung als ehemalige Handels-, Verwaltungs-, Beamten- und Garnisonsstadt im Osten Deutschlands war die lokale Industrie in Frankfurt/Oder nur schwach ausgebildet und durch Kleinst- bis Mittelbetriebe geprägt; es fehlten größere industrielle Konzentrationspunkte. Gemäß dem poltisch-ideologischen Ansatz, in nicht-industrialisierten Regionen die Arbeiterklasse als Träger der Parteistrukturen zu verankern, sollte das neue Halbleiterwerk der Stadt eine Perspektive als Industriestandort (GAYKO 2000: 139) und die entsprechenden städtebildenden Faktoren für ein wirtschaftlich-industrielles Gepräge mit einem modernen und großzügigem Stadtbild im sozialistischen Sinne geben (WIRTSCHAFTSRAT DER STADT FRANKFURT/ODER 1958: 1). Auch die Nähe zum investitionstragenden Entwicklungs- und Betreuungsbetrieb, dem VEB Werk für Bauelemente der Nachrichtentechnik in Teltow, mag eine Rolle bei der Standortentscheidung gespielt haben. Eine Ansiedlung in Teltow selbst kam aufgrund der Nähe zu Westberlin und der befürchteten Abwanderung spezialisierter Arbeitskräfte nicht in Frage (VALERIUS 1998: 4). Zudem bestanden für die Halbleiterproduktion hohe Anforderungen an Luftreinheit, die im Gegensatz zu den alternativen Standorten Berlin und Leipzig in der industriell wenig genutzten Umgebung von Frankfurt/Oder erfüllt werden konnten (DIREKTORAT FÜR GRUNDFONDSWIRTSCHAFT 1958: 15). So wurde vom Minister für allgemeinen Maschinenbau am 17. Oktober 1957 die Aufnahme der Produktion von Halbleiterbauelementen in Frankfurt/Oder als staatliche Aufgabe beschlossen (RAT DER STADT FRANKFURT/ODER 1957b: o.S.).

Für den Mikrostandort wurde eine Untersuchung durch eine von der Bezirksleitung der SED eingesetzten Kommission über dreizehn mögliche Standorte vorgenommen. Die monatelange, weitgehend ineffiziente Standortsuche hatte einige Interessengegensätze offenbart: Die Stadt war bestrebt, mit der Industrieinvestition zugleich ihre Versorgungsinfrastruktur zu verbessern sowie nach Möglichkeit die kommunale Verkehrsinfrastruktur zu modernisieren; die Staatliche Plankommission (SPK) wollte Investitionsmittel sparen. Den Technikern ging es hauptsächlich um eine geringe Staub- und Schadstoffbelastung der Luft. Da sämtliche Versuche der Entwicklungsingenieure, die aus dem investitionstragenden Betrieb VEB Werk für Bauelemente der Nachrichtentechnik in Teltow nach Frankfurt/Oder delegiert werden sollten, das neue Halbleiterwerk in

---

[37] Die Standortpolitik war demnach in hohem Maße ideologisch geprägt; ihre Umsetzung scheiterte aber immer wieder an der fehlenden Wirtschaftskraft. Die Beschränktheit der Investitionsmittel war immer ein Argument gegen Projekte, die aufgrund der Standortwahl viel höhere Grund- und Folgeinvestitionen verlangten, als sie in anderen Gebieten zu diesem Zeitpunkt und Zweck als notwendig erschienen. So konnte z.B. die brandenburgische Oderregion im Gegensatz zu den strukturschwachen Nordbezirken den Vorteil einer bereits existierenden industriellen Infrastruktur mit Verkehrsanbindung an Berlin aufweisen (RÖHR 1997: 59f).

zumutbarer Entfernung zu ihren Wohngrundstücken am südlichen Stadtrand von Berlin zu errichten, fehlschlugen, ließ die Forderung nach einer staub- und industriegasfreien Atmosphäre ein Areal östlich des bäuerlichen Ortsteils Markendorf am besten erscheinen (GAYKO 2000: 143, 146).

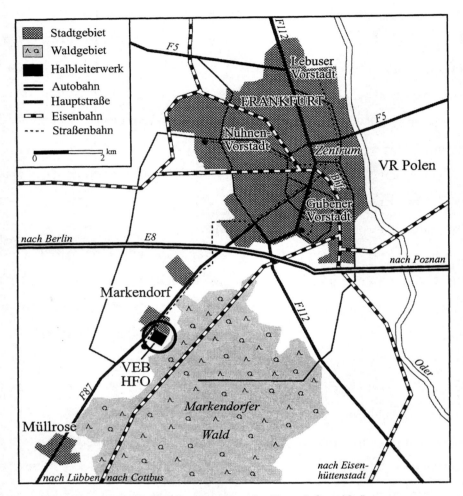

Abb. 2: Der Standort des Halbleiterwerkes in Frankfurt/Oder
Quelle: eigene Darstellung

Der Standort liegt geschützt und klimatisch günstig durch den angrenzenden Waldbestand, etwa acht Kilometer vom Stadtzentrum entfernt an der Hauptverkehrsstraße F87 zwischen Frankfurt/Oder und Müllrose, die heutige Bundesstraße B87, und in der Nähe der Eisenbahnlinie Frankfurt/Oder-Cottbus (DERKSEN/TRIPPLER o.J.a: 17). Die für das Werk vorgesehene Fläche nicht ist abseits der Straße gelegen und damit nicht direkt einzusehen (RAT DER STADT FRANK-FURT/ODER 1957a: o.S.). Diese Standortentscheidung war für alle Beteiligten letztendlich ein unbefriedigender Kompromiss. Die Teltower Entwicklungsingenieure konnten sich mit ihrem Anliegen, alternative Standorte in der Nähe von Berlin zu betrachten, nicht durchsetzen, Investitionsmittel wurden nicht eingespart, und die Stadt Frankfurt/Oder konnte keine zusätzlichen Mittel für notwendige Infrastrukturinvestitionen mobilisieren. Wegen der geforderten größeren Entfernung zur Stadt mussten beträchtliche Mehrkosten für die Versorgungs- und Verkehrsinfrastruktur in Kauf genommen werden und es resultierten hieraus lange Anfahrtswege für die in Frankfurt/Oder wohnenden Belegschaftsangehörigen (GAYKO 2000: 143f, 146).

3.3 Das Halbleiterwerk in Frankfurt/Oder: Produktions- und Organisationsstrukturen

Mit Hilfe von Ingenieuren und Technologen aus dem investitionstragenden VEB Werk für Bauelemente der Nachrichtentechnik Teltow wurde im Januar 1958, zunächst in den Räumen einer ehemaligen Berufschule, die Produktion von diskreten Bauelementen mit einfachen Glas- und Keramik-Dioden sowie Spitzentransistoren und Gleichrichtern in kleinen Serien aufgenommen. Zum 2. Januar 1959 erfolgte mit Zustimmung des Volkswirtschaftsrates der DDR die Herauslösung des Frankfurter Betriebes aus dem Werk in Teltow, womit der Betrieb als VEB Halbleiterwerk Frankfurt/Oder (VEB HFO)[38] juristische Selbständigkeit erlangte (DERKSEN/TRIPPLER o.J.a: 11, 17; KLITZKE 1995: o.S.).

Die Entwicklungsgeschichte des VEB HFO bis 1989 ist in ihrem Verlauf eng mit der Politik der SED zur Entwicklung einer leistungsfähigen Halbleiterindustrie in der DDR verbunden (DERKSEN/TRIPPLER o.J.a: 6). Die strukturpolitischen Zielsetzungen der DDR waren generell durch eine sektorale Förderung einzelner Branchen gekennzeichnet. Die Schlüsselindustrie Mikroelektronik wurde von der politischen Führung aufgrund ihrer stetig wachsenden ökonomischen und technologischen Bedeutung sowie ihrer weitreichenden Ausstrahlungseffekte auf andere Industriezweige, v.a. im Laufe der 70er Jahre, intensiv gefördert und das Halbleiterwerk erhielt aufgrund seiner von der Regierung bestimmten gesamtwirtschaftlichen Bedeutsamkeit sowohl beim Aufbau, wie auch im Verlauf seiner Entwicklungsgeschichte immer wieder kontinuierliche Förderung durch die Partei (KLITZKE 1995: o.S.).

Wie in den westlichen Industriegesellschaften der Nachkriegszeit hatte das Produktionsmodell des fordistischen Akkumulationsregimes auch für die Wirtschaftsplaner und –theoretiker in der DDR Leitbildfunktion. Bei der Übertragung dieses Modells auf die Verhältnisse in der DDR ist allerdings zu beachten, dass die politische Regulation der Zentralplanungswirtschaft diesem Leitbild eine spezifische Ausprägung verlieh. Fordistisch-tayloristische Massenproduktion unter Ausnutzung von *econmomies of scale* galt als der beste Weg für eine effiziente Produktionsorga-

---

[38] Bis zur ersten Kombinatsbildung im Jahr 1969 war die gängige Abkürzung für den VEB Halbleiterwerk Frankfurt/Oder "VEB HWF". Der Übersichtlichkeit halber soll hier im Folgenden ausschließlich das ab 1969 verwendete Kürzel "VEB HFO" verwendet werden, auch wenn es sich um Ausführungen handelt, welche die Zeit vor der ersten Kombinatsbildung betreffen.

nisation und Konzentration und Spezialisierung als der beste Weg zur Steigerung der Produktivität (VOSKAMP/WITTKE 1991: 19). Durch den Zusammenschluss von mehreren spezialisierten Teilbetrieben vertikal aufeinanderfolgender Produktionsstufen, einschließlich wichtiger Zulieferbetriebe und den dazugehörigen FuE-Zentren, Rationalisierungs-, Bau- und Absatzbetrieben zu einem weitgehend geschlossenen Produktionsprozess in Form von Kombinaten, sollte die Produktion rationalisiert, spezialisiert und konzentriert sowie Koordination und Kontrolle erleichtert werden (DERKSEN/TRIPPLER o.J.b: 35f, 64f). Zielsetzung war es, zumindest theoretisch, eine Fertigungstiefe von 100% zu erreichen, so dass die Betriebe eines Kombinats die gesamte Wertschöpfungskette der Herstellung eines Produktes repräsentierten (GRABHER 1991: 38). Im Rahmen einer ersten Welle von Kombinatsgründungen wurde im November 1967 ein sog. *politisch-ökonomisches Führungsinstrument* geschaffen: die "Erzeugnisgruppe Halbleitertechnik", als deren Leitbetrieb der VEB HFO bestimmt wurde (DERKSEN/TRIPPLER o.J.b: 35) und aus dem am 5. Dezember 1969 das Kombinat VEB Halbleiterwerk Frankfurt/Oder hervorging. Dieses setzte sich aus folgenden Betrieben zusammen:

- VEB Halbleiterwerk Frankfurt/Oder
- VEB Gleichrichterwerk Stahnsdorf
- VEB Gleichrichterwerk Großräschen
- VEB Spurenmetalle Freiberg
- VEB Röhrenwerk, Neuhaus
- VEB Isolierwerk Zehdenick

Stammbetrieb wurde der VEB HFO, der verantwortlich für den gesamten planmäßigen Produktionsprozess der im Großbetrieb vereinigten Betriebsteile war (DERKSEN/TRIPPLER o.J.b: 64). Der größte Teil der Vorprodukte wurde entsprechend der im Akkumulationsregime der DDR üblichen Autarkie der Kombinate innerhalb des Kombinates selber hergestellt, das die gesamte Produktionskette der Halbleiterindustrie vom Design der Masken, über die Maskenherstellung und Waferbearbeitung bis zur Montage und Endkontrolle umfasste. Letztere wurden in der DDR nicht, wie in den westlichen Industrienationen während der Hochphase des fordistischen Produktionssystems häufig üblich, in Länder mit günstigeren Produktionskosten ausgelagert. Die Produktionsstruktur innerhalb des Kombinates ist in Abbildung 4 dargestellt.

In geringerem Umfang bestanden auch Produktionsverflechtungen zu Betrieben außerhalb des Kombinates (KLITZKE 1995: o.S.). Die Hauptabnehmer der Transistoren und analogen Schaltkreise aus dem VEB HFO waren bis 1965 die Betriebe der VVB Rundfunk und Fernsehen, danach die des Kombinates Rundfunk und Fernsehen in Staßfurt (VEB Fernsehgerätewerk Staßfurt) und Radeberg. Die ab 1971 produzierten digitalen Schaltkreise waren hauptsächlich für die

EDV-Anlagen des Kombinates Robotron Dresden vorgesehen. Aber auch in den Betrieben des Kombinates Nachrichtenelektronik und Messtechnik stieg der Bedarf an elektronischen Bauelementen und Steuerungen aller Art ständig (Gespräch KLITZKE 2001).

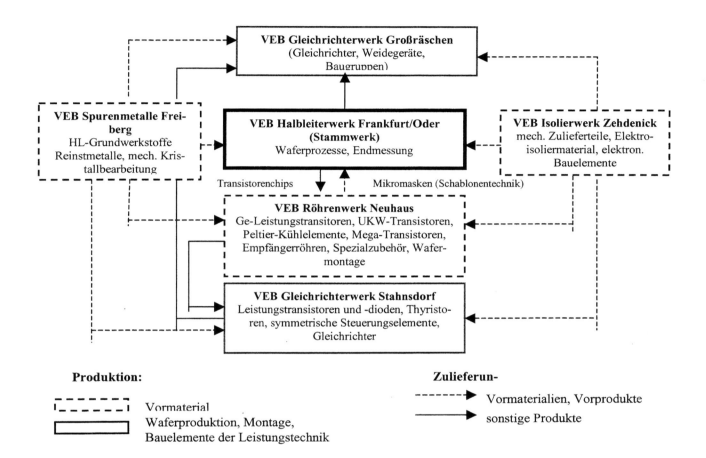

Abb. 3: **Darstellung der inneren Produktionsverflechtungen im VEB Kombinat Halbleiterwerk Frankfurt/Oder**
Quelle: VEB HALBLEITERWERK 1969: 11, 18f, 37; KLITZKE 1995: o.S.

Im Rahmen der zweiten Kombinatsreform wurde 1978 u.a. das Kombinat Mikroelektronik Erfurt (KME) gebildet. Der bis dahin existierende dreistufige Aufbau der Organisationsstruktur, bestehend aus den VEB, der Vereinigung Volkseigener Betriebe (VVB) und dem Industrieministerium, wurde durch einen zweistufigen Aufbau abgelöst, wobei die mittlere Leitungsebene, die VVB, die bis dahin die fachbezogene Koordination der VEB nach Weisung des zuständigen Ministeriums vorgenommen hatte, wegfiel. Diese Funktion ging nun auf die Kombinate selber über (GRABHER 1991: 38), so dass das KME direkt dem Ministerium für Elektrotechnik/Elektronik unterstellt wurde. Die Verlagerung von Verantwortlichkeiten auf die Kombinatsebene sollte die Komplexität gesellschaftlicher Planung reduzieren und die tatsächlichen Zugriffs- und Durchsetzungsmöglichkeiten der Gestaltungsinstanzen erhöhen, die oberhalb der Betriebe angesiedelt waren. Innerhalb der Kombinate sollte eine Planungs- und Leitungskapazität aufgebaut werden, mit deren Hilfe es besser gelingen würde, die einzelne Betriebe auf die übergeordneten Zielgrößen zu verpflichten (VOSKAMP/WITTKE 1991: 21). Die Leitung der neuen Kombinate sollte von nun an über einen einzigen Stammbetrieb abgewickelt werden, um den hohen Verwaltungsaufwand senken zu können, was nach Auskunft eines ehemaligen Mitarbeiters auch insofern gelang, dass die zuvor sehr schwerfällige und langandauernde Entscheidungsfindung durch die VVB nun schneller und direkter ablaufen konnte (Gespräch KLITZKE 2001).

Damit wurde das Kombinat VEB Halbleiterwerk Frankfurt/Oder Teil des größeren Kombinats Mikroelektronik, dem insgesamt 26 Betriebe mit sehr unterschiedlichen Produktionsprofilen, die von elektronischen Bauelementen über technologische Spezialanlagen und -ausrüstungen und elektronische Konsumgüter bis hin zu Leuchtstoffen (VEB Mikroelektronik Leuchtstoffwerke Bad Liebenstein), Operationstischen (VEB Mikroelektronik-Secura-Werk Berlin) und Schiffs-Chronometern (VEB Uhrenwerke Ruhla) reichten, angehörten (TRIPPLER o.J.: 58f; POLLEI 1993: 321). Einen Überblick über die einzelnen VEB im KME gibt Abbildung 5/der Beitrag von x in diesem Heft.

VEB Kombinat Mikroelektronik Erfurt		
der Kombinatsleitung direkt unterstellte Betriebe: VEB Zentrum für Mikroelektronik Dresden* VEB Elektronik Export/Import Außenhandel DDR VEB Applikationszentrum Elektronik Berlin VEB Elektroprojekt Dresden VEB Rationalisierung Dresden		
VEB Halbleiterwerk Frankfurt/Oder	**VEB Funkwerk Erfurt**	**VEB Uhrenwerke Ruhla**
VEB Gleichrichterwerk Stahnsdorf VEB Isolierwerk Zehdenick VEB Spurenmetalle Freiberg VEB Röhrenwerk Neuhaus VEB Gleichrichterwerk Großräschen	VEB Elektroglas Ilmenau VEB Röhrenwerk Rudolstadt VEB Röhrenwerk Mühlhausen VEB Mikroelektronik-Secura-Werke Berlin VEB Hochvakuum Dresden VEB Werk für Fernsehelektronik Berlin VEB Leuchtstoffwerk Bad Liebenstein	VEB Uhrenwerk Glashütte VEB Uhrenwerke Weimar VEB Feinwerktechnik Dresden VEB Plastverarbeitung Eisenach VEB Plast- und Metallverarbeitung Berlin VEB Elektronische Bauelemente Ruhla

* seit 1986 dem Kombinat Carl Zeiss Jena zugeordnet

Abb. 4:   Die Betriebe des Kombinats Mikroelektronik Erfurt
       Quelle: nach Müller 1999: 47

Die Heraushebung des VEB Funkwerk Erfurt als Stammbetrieb und Sitz der Kombinatsleitung bedeutete für diesen eine gewisse Privilegierung gegenüber den anderen Standorten, die fest in eine hierarchisch von aussen gesteuerte Organisationsstruktur eingebunden wurden und ihre ökonomische Eigenständigkeit verloren (GRABHER 1991: 39).

Die Tatsache, dass das gesamte Wirtschaftsgeschehen in einer Zentralverwaltungswirtschaft "von oben" geplant wurde, ermöglichte es, vorrangig diejenigen Güter zu produzieren, die entsprechend den Präferenzen der politischen Führungsspitze von besonderer Bedeutung waren, wie z.B. die der Mikroelektronikindustrie. Dem VEB HFO kam als Teil des KME die Aufgabe zu, den Staat der DDR mit elektronischen Bauelementen in möglichst hoher Stückzahl und Qualität zu versorgen. Im Rahmen der Strukturpolitik der DDR hatte der VEB HFO sein Produktionsprofil auf die Fertigung eines breiten Sortiments an bipolaren Festkörperschaltkreisen auf Si-Basis und die Fertigung von Si-Transistoren auszurichten. Daneben umfasste das Produktionssortiment, wie in der DDR üblich, auch verschiedene Konsumgüter, u.a. Radiowecker, Weidezaunanlagen, Halbleiterbauelemente und Leiterplatten für einen Scheibenwischer-Intervallschalter, Zündbausteine für Kleinkrafträder sowie weitere Baugruppen für Kfz-Elektronik, Phonogeräte und Telespiele (VALERIUS 1998: 6; TRIPPLER o.J.: 6f).

Zunehmende Bedeutung erlangte der VEB HFO vor allem im Laufe der 70er Jahre, insbesondere ab 1971 mit Aufnahme der ICs in das Produktionssortiment. Noch 1986 wurde in Markendorf ein weiteres Montagewerk errichtet, um die Produktionskapazitäten (plus 35%) für Montage und Endmessung von integrierten Festkörperschaltkreisen zu erweitern (KLITZKE 1995: o.S.). 1989 umfasste das Produktionsvolumen ca. 110 Mio. mikroelektronischer Bauelemente in ca. 300 Typenvarianten und 150 Mio. Transistoren-Chips, was etwa 70% des gesamten volkswirtschaftlichen Bedarfs der DDR und ein großer Teil des Bauelementebedarfs der RGW-Länder entsprach. Etwa 20% der produzierten ICs wurden in die Länder des RGW exportiert, jeder Zehnte ging in die Sowjetunion. Es wurden 40 verschiedene Konsumgütererzeugnisse produziert (Gespräch KLITZKE 2001).

3.4   Die Stadt Frankfurt/Oder im Sozialismus

Aus dem für die DDR spezifischen Akkumulations- und Regulationssystem ergaben sich oft monostrukturelle Standorte, die hinsichtlich Arbeitsplatzangebot und städtischer Entwicklungsplanung von einem Großbetrieb dominiert wurden. Auch die Entwicklung der Stadt Frankfurt/Oder und die Entwicklung des VEB HFO waren seit seiner Errichtung eng miteinander verbunden. Mit der Gründung des Halbleiterwerkes begann ein Entwicklungsprozess, der nicht nur für die Industrie, sondern auch für die Stadt selber prägend war. Innerhalb der Stadt Frankfurt/Oder wurde das Werk bald zum wichtigsten strukturbestimmenden Industriebetrieb, auf den sich sämtliche Planungen auszurichten hatten und dem sich alle anderen Betriebe hinsichtlich Arbeitskräfteversorgung sowie anderen zentralen Planungen unterzuordnen hatten. Die Wirtschaftsstruktur der Stadt Frankfurt/Oder aus dem Jahr 1970 ist in Tabelle 1 dargestellt.

Tab. 2:   Die Wirtschaftsstruktur der Stadt Frankfurt/Oder 1970 (Prognosewerte)

Wirtschaftszweige	Anteil der Beschäftigten (%)	
Industrie	25,6	
davon Anteil des VEB HFO		47,4
Bauwesen	7,5	
Land- und Forstwirtschaft	5,2	
Verkehr- und Nachrichtenwesen	15,3	
Örtliche Versorgungswirtschaft	5,9	
Handel	16,1	
Bereiche außerhalb der materiellen Produktion	24,4	

Quelle: Rat der Stadt Frankfurt/Oder 1968: 8

Mit zunehmender Größe des VEB HFO verschoben sich diese Werte weiter zugunsten der e-lektronischen Industrie. Mit den vom Staat bereitgestellten Investitionsmitteln war eine nach DDR-Ideologie moderne sozialistische Produktionsstätte entstanden, die für die gesamte Volkswirtschaft von großer Bedeutung war, was am Beispiel der Arbeitskräfteentwicklung belegt werden soll, die in Abbildung 6 dargestellt ist (DERKSEN/TRIPPLER o.J.b: 29).

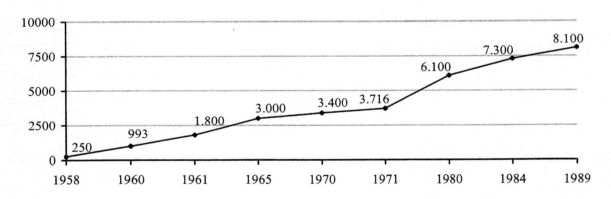

Abb. 5: Die Entwicklung des Arbeitskräftebestandes im VEB HFO
Quelle: nach DERKSEN/TRIPPLER o.J.a: 11f, 24; KLITZKE 1995: o.S.

Ausgehend von den in Tabelle 1 dargestellten Prognoseergebnissen und dem Ausbau des VEB HFO in den 70er Jahren war eine Entwicklung der Stadtgröße bis 1975 auf 80.000 Einwohner vorgesehen (RAT DES BEZIRKES FRANKFURT/ODER o.J.: 13ff). Bereits 1958 wurde der Bedarf an Wohnungen für die Arbeitskräfte des neuen Halbleiterwerks mit 750 Wohneinheiten angemeldet. Nach einem Sitzungsprotokoll über die Vorarbeiten beim Aufbau des Halbleiterwerkes sollten diese im wieder aufzubauendem Zentrum bzw. nach dessen Fertigstellung in den neuen Wohnvierteln der Stadt entstehen (RAT DER STADT FRANK-FURT/ODER 1958: o.S.).

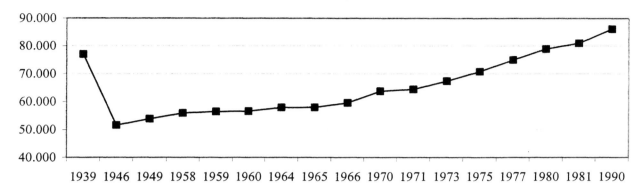

Abb. 6:   Die Entwicklung der Bevölkerung der Stadt Frankfurt/Oder 1939-1989[*]

> * Die Angabe der Bevölkerung für das Jahr 1939 umfasst die Bevölkerung der ehemaligen Dammvorstadt Slubice, die nach dem Zweiten Weltkrieg von der Stadt abgetrennt und der Republik Polen zugeordnet wurde.

Quelle: nach RÖHR 1997: 69

Tatsächlich ist zwischen 1970 und 1980 parallel zum höchsten Zuwachs an Arbeitskräften (vgl. Abb. 6) ein hoher Bevölkerungszuwachs in der Stadt (vgl. Abb. 7) und seit Mitte der 60er Jahre auf Grundlage der erwarteten Zunahme der Stadtgröße ein beschleunigter Bau von Wohnungen, vorwiegend in Großkomplexen, festzustellen. Durch Abriss der Ruinen im durch den Krieg stark zerstörten Stadtzentrum und durch den Wiederaufbau der Karl-Marx-Straße in Form einer 20 m breiten Magistrale mit großen Häuserblöcken auf beiden Seiten, wurde die Struktur der eigentlichen Altstadt von Frankfurt/Oder stark verändert. Die Stadt dehnte sich mit Aufbau des Stadtteils Süd und dem Kosmonautenviertel (insg. 6.000 WE) sowie dem Hansaviertel (3.400 WE) zunächst nach Süd-Westen und nach Norden aus. Mitte der 70er Jahre wurde das Stadtzentrum mit der Neugestaltung des Wohnkomplexes "Halbe Stadt" durch vielgeschossige Neubebauung (2.600 WE), unter Einbeziehung historischer Gebäudeensembles in westlicher Richtung ausgedehnt. Das größte Bauprojekt der Stadt, Neuberesinchen (8.300 WE), entstand 1977 bis 1986 südlich des gründerzeitlich geprägten Stadtteils Altberesinchen. In der für die DDR typischen industriellen Großplattenbauweise wurden vier Wohnkomplexe mit überwiegend sechsgeschossigen, im Stadtteilzentrum mit zwölfgeschossigen, Hochhäusern für mehr als 20.000 Einwohner errichtet (TARGIEL/BODSCH/SCHMIDT 1998: 85, 89ff; KRAMM 1989: 34) (vgl. Abb. 8). Zum Ende der 80er Jahre verschob sich der Schwerpunkt der Stadtentwicklung mehr auf das innerstädtische Bauen in seiner Einheit von Neubau – Rekonstruktion – Modernisierung und Erhaltung, v.a. in den Bereichen des Wohnkomplexes Bahnhofsberg und Altberesinchen (KRAMM 1989: 34).

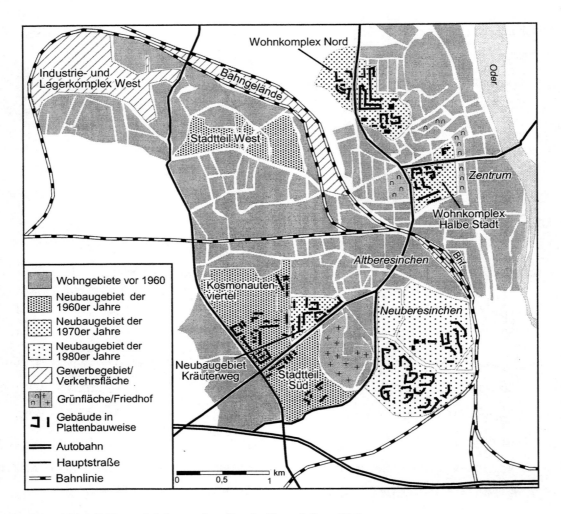

Abb. 7: Räumliche Entwicklung der Stadt Frankfurt/Oder
Quelle: nach KRAMM 1989: 34; TARGIEL/BODSCH/SCHMIDT 1998: 89ff

Die Industrie konzentrierte sich zum einen im Südwesten der Stadt am Standort des VEB HFO, zum anderen haben sich der Industrie- und Lagerkomplex West und das Industriegebiet Nord einschließlich des Raumes Spitzkrug (Abb. 8) herausgebildet. Ältere Standorte liegen vereinzelt im Stadtgebiet verstreut. Die Industriefläche umfasste Mitte der 70er Jahre rund 200 ha (KRAMM 1989: 32). Zusammen mit dem Institut für Halbleiterphysik (IHP), das zu Zeiten der DDR die material- und technologieorientierte FuE im Rahmen des Mikroelektronikprogramms übernommen hatte und Halbleiter in komplexen Strukturen herstellte, bildete der VEB HFO den wirtschaftlichen Schwerpunkt der Stadt. Daneben waren das Energiekombinat, das Fleischkombinat, die beiden Baukombinate, die Möbelwerke sowie die 1988 in Betrieb genommene Brauerei größere Arbeitgeber. Hinzu kamen Dienstleistungs- und Handwerksbetriebe, zumeist in Gestalt kleinerer Produktionsgenossenschaften oder Privatfirmen (STADT FRANKFURT/ODER 2000b: 1). Zu erwähnen ist auch die relativ hohe Bedeutung der Bereiche Verkehr, Fernmeldewesen und Handel, die mit der speziellen Funktion Frankfurt/Oders als Tor zu den ehemals sozialistischen, osteuropäischen Staaten zu begründen ist, da hier der wichtigste Umschlagort und Knotenpunkt für den Güter- und Personalverkehr in Richtung Osten bestand. Neben dem Halbleiterwerk war die Deutsche Reichsbahn der zweitgrößte Arbeitgeber (ENGEL 1996: 190f).

4 Transformation von der sozialistischen Planwirtschaft der DDR zur sozialen Marktwirtschaft der BRD

4.1 Neue Rahmenbedingungen für die regionalwirtschaftliche Entwicklung

Mit der Wirtschafts-, Währungs- und Sozialunion vom 1. Juli 1990 und der staatlichen Vereinigung der beiden Teile Deutschlands am 3. Oktober des gleichen Jahres wurde in den neuen Bundesländern eine grundlegende Veränderung der Wirtschaftsordnung eingeleitet. Die Schritte, die für eine effektive Transformation notwendig sind, lassen sich aus den einzelnen regulativen Ordnungsprinzipien der Ausgangs- und der Zielordnung ableiten (SCHÜLLER/KRÜSSELBERG 1998: 166; KLOTEN 1991: 26). Die Wirtschaftseinheiten und unteren politischen Ebenen bis hin zur Kommune haben aufgrund des dezentral organisierten föderativen Prinzips der BRD mehr Möglichkeiten und Spielraum für die Durchsetzung eigener Maßnahmen. Daneben sind private Organisationen und Institutionen an der Regulations des Wirtschaftssystems beteiligt.

Der eigentliche Kern einer Systemtransformation ist der Wandel der wirtschaftlichen Akkumulationsmethoden, also das Ersetzen der planwirtschaftlichen Abstimmungsverfahren durch marktwirtschaftliche Koordinierungsmechanismen. Die von der DDR-Führung bewusst betriebene Monopolisierung der Wirtschaft musste in eine wettbewerbsorientierte Unternehmenslandschaft umgestaltet, marktbeherrschende Stellungen ehemaliger Kombinatsbetriebe ab- und eine wettbewerbsförderliche Wirtschaftsstruktur aufgebaut werden. Mit der Öffnung gegenüber dem Weltmarkt wurde eine an liberalen Prinzipien orientierte binnen- und weltwirtschaftliche Integration eingeleitet. Die ehemaligen VEB mussten sich an neuen Preisrelationen, Qualitätsstandards sowie Bezugs- und Absatzwegen orientieren (KLOTEN 1991: 25, 45). Auf betrieblicher Ebene wurde die Orientierung an der "Industriellen Warenproduktion" und der Planerfüllung ersetzt durch Anforderungen an eine möglichst sortiments-, vertrags- und termingerechte Produktion, d.h. Sicherung der Existenz durch Qualität, Beherrschung der Fertigungstechnologien, Reduzierung von Anlagenstillständen und der Verkauf wettbewerbsfähiger Produkte unter rentablen Kostenstrukturen (VOSKAMP/WITTKE 1991: 34). Abbildung 9 gibt einen Überblick über Akkumulation und Regulation in der BRD.

Tab. 3: Regulationsweise und Akkumulationsregime in der BRD

Regulationsweise	Akkumulationsregime
Arten der Koordination: - Pluralistische Parteiendemokratie - Föderalismus und Subsidiaritätsprinzip - (Eigentums-)Rechte des Individuums - Tarifautonomie - Lobbyismus - public-private-partnership Institutionen der Koordination: - EU - Bundesregierung, Bundestag - Länder-/Gemeinderegierungen und -parlamente - Tarifparteien und Verbände - Planungsverfahren - Markt	Produktionsstruktur: - Übergang vom Fordismus zum Postfordismus - Globalisierung der Märkte - Dezentralisierung und Flexibilisierung - große Produktvielfalt - Tertiärisierug, Quartärisierung Konsummuster: - individualistisch - große Einkommensunterschiede - Entstehung neuer Haushaltsformen - religiöse u.a. Traditionen verlieren an Bedeutung - Angebot dominiert Raumstruktur: - regionale Disparitäten - Standortkonkurrenz

Quelle: nach Ott 1997: 219, verändert

4.2 Die Restrukturierungsversuche der Treuhandanstalt: PTC-electronic AG und Mikroelektronik & Technologie GmbH

Mit der gesetzlichen Umwandlung der VEB im Sommer 1990 wurde das KME in eine AG umgeformt, indem sich neben dem Halbleiterwerk Frankfurt/Oder sechzehn weitere Mikroelektronik-Unternehmen aus dem ehemaligen Kombinat ausgliederten und zu einer Holding, der Production and Trade Coporation electronic (PTC) AG, mit Sitz in Erfurt zusammenschlossen. Aktionär war zu 100% die Treuhandanstalt (THA) (MARSCHALL 1992: 117), der als einer rechtsfähigen bundesunmittelbaren Anstalt des öffentlichen Rechts, unter Aufsicht des Bundesfinanzministers, die Aufgabe der Privatisierung der ehemals volkseigenen Betriebe bzw. der Stillegung nicht-sanierungsfähiger Unternehmen übertragen wurde. Die Kombinate sollten entsprechend dem marktwirtschaftlichen Akkumulationsregime nach betriebswirtschaftlichen Gesichtspunkten zu wettbewerbsfähigen Einheiten entflochten werden. Als der beste Weg hierfür galt die Forcierung massiver Investionen in Humanressourcen, in die Modernisierung der Produktionskapazitäten, in die Aufbau- und Ablauforganisation von Unternehmen und Behörden sowie in die wirtschaftliche Infrastruktur mit Hilfe von Kapital, technologischem Know-how und Managementerfahrungen aus Westdeutschland sowie aus dem Ausland (HEIMPOLD 1995: 132). Da unter planwirtschaftlichen Verhältnissen keine nennenswerte Vermögensbildung stattgefunden hatte, es den meisten Betrieben an beleihbaren Vermögenswerten für die Aufnahme von Fremdkapital mangelte und zum Teil Altschulden aus DDR-Zeiten abzutragen waren, war die Eigenkapitaldecke der meisten Unternehmen sehr dünn, so dass der direkten Investitionsförderung der Bundes-

und Länderregierungen eine bedeutende Rolle zukam (LOHSE/LORNSEN-VEIT/SONNEMANN 1992: 15).

Da der Leitungsausschuss der THA in der PTC-Holding eine Ansammlung von Unternehmen ohne ökonomische Logik sah und die Kosten der notwendigen Umstrukturierungsmaßnahmen unter betriebswirtschaftlichen Aspekten für zu hoch befand, um eine rentable Produktion zu erreichen, wurde eine deutliche Reduzierung der Unternehmen mit Konzentration auf die erhaltenswerten Kernbereiche angestrebt (BISCHOF/VON BISMARCK/CARLIN 1992: 18f). Im Juni 1991 wurde durch Fusion der drei Kernbetriebe - ERMIC GmbH Erfurt, Halbleiterwerk GmbH Frankfurt/Oder und Mikroelektronik Neuhaus GmbH - mit dem Zentrum für Mikroelektronik Dresden GmbH die Mikroelektronik & Technologie GmbH (MTG) gegründet (POLLEI 1993: 327; MARSCHALL 1992: 117). Der Gegenstand des Frankfurter Unternehmens war, entsprechend der Arbeitsteilung zwischen den ehemaligen Kombinatsbetrieben, die Entwicklung und Herstellung bipolarer Bauelemente aller Art (C&L TREUARBEIT DEUTSCHE REVISION 1992: Blatt 5). Trotz umfangreicher Liquiditätskredite in Höhe von 500 Mio. DM, welche die MTG zum Erhalt der Mikroelektronik bis Anfang 1992 erhielt, und enormer Arbeitplatzreduzierungen, wurde bald deutlich, dass die Geschäftstätigkeit nicht lange dauern würde (BISCHOF/VON BISMARCK/CARLIN 1993: 20). Die Verluste der einzelnen Betriebe waren immer noch viermal höher als ihre Umsätze, so dass die THA das Gesamtunternehmen als nicht sanierungsfähig einstufte (WÜPPER 2000: 9). Die MTG, und damit auch das Werk in Frankfurt/Oder, gingen am 1. September 1992 in Liquidation (C&L TREUARBEIT DEUTSCHE REVISION 1992: Blatt 6).

Da es bei der Umstrukturierung der DDR-Mikroelektronik um Erhalt einer ganzen Industrie ging, die allgemein als Schlüsselindustrie gilt, waren neben betriebswirtschaftlichen auch regulative Interessen von Bund und Ländern zu beachten. Das Ende des ehemaligen Mikroelektronikkombinats wurde durch den Widerstand der Länder und Proteste der Beschäftigten verhindert und Bund und Länder einigten sich schließlich, die drei Standorte Frankfurt/Oder, Erfurt und Dresden *"aus regional- und strukturpolitischen Gründen"* zu erhalten (WÜPPER 2000: 9).

Die THA war langfristig nicht bereit, die finanzielle Verantwortung für die Unternehmen zu übernehmen und drängte auf eine schnelle Privatisierung. Dies erschien mit separaten Verträgen - in Dresden mit VLSI, in Erfurt und Frankfurt/Oder mit LSI Logic - möglich, stieß aber bei den Landesregierungen Brandenburgs und Thüringens auf Widerstand, welche nicht bereit waren, Anteile eines Unternehmens mit Standorten in einem anderen Land zu übernehmen (BISCHOF/VON BISMARCK/CARLIN 1993: 22). Auf Drängen des brandenburgischen Ministerpräsidenten Manfred Stolpe, der forderte, das Frankfurter Werk aus der überschuldeten MTG auszugliedern, um mehr Eigenständigkeit entwickeln zu können, beschloss die THA schließlich, die

MTG in ihre Einzelunternehmen aufzuteilen und unabhängig voneinander zu privatisieren (BISCHOF/VON BISMARCK/CARLIN 1993: 22).

4.3 Der Verlauf der Einzelprivatisierung am Standort Frankfurt/Oder

Mit dem Einzug der marktwirtschaftlichen Bedingungen am Standort Frankfurt/Oder versuchte der VEB HFO seine Position am Markt als Halbleiterwerk GmbH neu zu definieren. Probleme entstanden v.a. dadurch, dass die einheimischen Kunden aus der Unterhaltungselektronik wegbrachen bzw. ihre Nachfrage auf moderne Produkte aus den westlichen Bundesländern umstellten. Nach der Währungsunion verteuerten sich die Produkte in den angestammten osteuropäischen Absatzgebieten und, da die notwendigen Devisen für die Bezahlung in DM fehlten, schwanden auch dort die Möglichkeiten für den Absatz (VALERIUS 1998: 7). Der Absatz des Unternehmens war noch bis Mitte 1992 zu einem hohen Prozentsatz auf den sowjetischen Markt konzentriert. Nach Wegbrechen dieses Marktes, mussten neue Möglichkeiten erschlossen werden (Gespräch MÖHR 2000), aber ein gewinnbringender Absatz auf westlichen Märkten war kaum möglich, da die Produkte nicht den internationalen Standards und Qualitäten entsprachen (POLLEI 1993: 328) und der Weltmarkt für Elektronikprodukte zu jener Zeit übersättigt war, so dass die Bezugs- und Absatznetze kurzfristig nicht im erforderlichen Maße erneuert werden konnten, um einen erfolgreichen Erhalt der Produktion zu gewährleisten (Gespräch MÖHR 2000). Die Folge dieser Schwierigkeiten war ein Rückgang der Bruttoproduktion aufgrund von Marktverlusten. Die mit der Konzentration auf die Kernfunktion der reinen Produktion beginnende Umstrukturierung äußerte sich in einem starken Personalabbau (vgl. Abb. 8). Nur ein Teil der Belegschaft war im produktiven Bereich beschäftigt, ein großer Teil gehörte zu den betrieblichen Hilfsprozessen und Dienstleistungen, ein weiterer Teil zur Verwaltung. Besonders starke Reduzierungen im Personalbestand gab es im Verwaltungs- und Planungsbereich sowie im Bereich

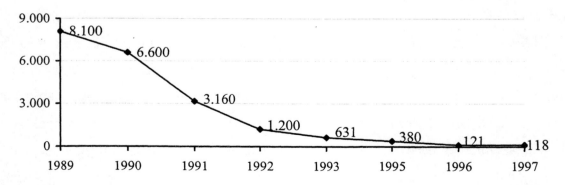

Abb. 8: Die Entwicklung des Arbeitskräftebestandes im Halbleiterwerk seit 1989
Quelle: C&L Treuarbeit Deutsche Revision 1992: Blatt 6, Valerius 1998: 10; Wüpper 2000: 9; Gespräch Möhr 2000

der sozialen Aufgabenfelder wie Freizeit- und Feriengestaltung, Gesundheitswesen usw., die in der Marktwirtschaft extern von privaten und öffentlichen Institutionen und Unternehmen durchgeführt werden (Gespräch SCHWARZ 2001). Bereits am 1. August 1990 befand sich der größte Teil der 7.750 Beschäftigten in Kurzarbeit und in Nullstundenkurzarbeit (MOZ 23.08.1990).

Vor dem Hintergrund des Konzepts zur Erhaltung und Entwicklung industrieller Schwerpunkttorte ("Konzept der industriellen Kerne"), das die besondere Brisanz des Strukturwandels an den monostrukturierten Standorten in Brandenburg abfangen sollte, genoss das Halbleiterwerk in Frankfurt/Oder einen großen Rückhalt in der brandenburgischen Regierung und sein Erhalt wurde zur "Chefsache" erklärt. Daher stellte die Regierung immer wieder hohe Fördermittel zur Sanierung bereit (Gespräch LANGE 2001) (vgl. Tab. 4).

Tab. 4: Finanzielle Maßnahmen der THA bzw. der BvS und des Landes Brandenburg zugunsten der Nachfolgeunternehmen des VEB HFO bis 1997

THA, BvS	(in Mio. DM)
Investitionszulage für SMI, 1993	45,0
Liquiditätszulage für SMI	17,0
Umzugsaktivitäten, 1995 (nicht weiter spezifiziert)	1,8
Verlustausgleich 1997-1998 für SiMI	1,0
gesamt	**64,8**
Land Brandenburg	
Verlustausgleich für SMI 1993-1997 durch Darlehen	70,3
Darlehen an SiMI	4,0
gesamt	**74,3**
Gesamtsumme der finanziellen Maßnahmen	**140,1**

Quelle: nach EK 2000, Abs. 10, 13

Unter dem Druck der Öffentlichkeit und der Protestaktionen von Gewerkschaft und Beschäftigten sicherte der brandenburgische Ministerpräsident den Erhalt des sich bisher als unverkäuflich erwiesenen Betriebes für drei weitere Jahre zu. Er leitete mit der THA eine Teilprivatisierung ein, aber erst als nach komplizierten Verhandlungen fast 100 Mio. DM an Bürgschaften und Fördermitteln bereit gestellt wurden, ließ sich ein Partner für das Frankfurter Halbleiterwerk finden (WÜPPER 2000: 9). Die ungünstige Lage auf dem internationalen Markt zu Beginn der 90er Jahre, die sich in teilweise nicht ausgelasteten Produktionskapazitäten, Absatzproblemen und Schwierigkeiten im Konkurrenzkampf gegenüber asiatischen Billiganbietern äußerte sowie die vorherrschenden Investitions- und Standortbedingungen lähmten die Bereitschaft der deutschen und europäischen Elektronikkonzerne, sich im Osten Deutschlands zu engagieren, so dass sich die Suche nach einem kompetenten Investor für das ehemalige Mikroelektronikkombinat äußerst schwierig gestaltete (MARSCHALL 1992: 116, 120f).

Am 1. März 1993 wurde die Halbleiterwerk GmbH in Halbleiter Electronic Frankfurt/Oder GmbH (HEG) umbenannt, welche die wichtigsten Geschäftsfelder weiterführen sollte. Am selben Tag wurde ein Joint Venture mit der kalifornischen Firma Synergy Semiconductor Corporation Santa Clara (SSC) gegründet, die 49% der Anteile erwarb (EK 2000, Abs. 5) und besonderes Interesse an der in Frankfurt/Oder traditionellen Bipolartechnik zeigte (WÜPPER 2000: 9). Die restlichen 51% wurden an die THA veräußert, welche die Weiterführung der HEG mit Zuschüssen von insgesamt 63 Mio. DM unterstützte. Die THA verkaufte ihre Anteile im Juni 1994 dem Land Brandenburg, das wiederum die C&L Treuarbeit Deutsche Revision mit der Verwaltung dieses Anteils beauftragte (EK 2000, Abs. 5).

Am 1. Dezember desselben Jahres wurde die HEG in System Microelectronic Innovation GmbH (SMI) umbenannt. Zu diesem Zeitpunkt hatte das Unternehmen noch 631 Mitarbeiter (WÜPPER 2000: 9). SMI setzte sich zum Ziel, das führende Halbleiterproduktionsunternehmen der Region Berlin-Brandenburg zu werden (ENGEL 1996: 193). Den Durchbruch sollte eine neue Asset-Technologie für die kostengünstige Herstellung bipolarer Schaltkreise bringen, für deren Aufbau fast 40 Mio. DM investiert wurden (WÜPPER 2000: 9). Dennoch kam das Unternehmen aus den roten Zahlen nicht heraus. Im Jahr 1993 wurden gerade noch 10 Mio. DM Umsatz bei einem mehr als doppelt so hohem Verlust erwirtschaftet, so dass sich SCC bereits 1995 wieder zurückzog. SMI zählte noch 380 Beschäftigte (vgl. Abb.10). Das Land Brandenburg unterstützte das Unternehmen mit monatlich rund 2 Mio. DM; Wirtschaftsminister Dreher ging erneut auf Investorensuche (WÜPPER 2000: 9). Da diese aber weitgehend erfolglos blieb, musste der Restbetrieb aufgrund fehlender Liquidität am 25. April 1997 einen Konkursantrag einreichen und wurde zur SMI i.G. (in Gesamtvollstreckung) (EK 2000, Abs. 5).

Um den Betrieb des Unternehmens sicherzustellen wurde am 30. Juni 1997 eine Auffanggesellschaft unter der Bezeichnung Silicium Microelectronic Integration GmbH Frankfurt/Oder (SiMI) als 100%ige Tochter der SMI i.G. mit 110 Beschäftigten gegründet. Das neue Unternehmen war ein reines Produktionsunternehmen, allerdings mit sehr begrenztem Eigenkapital (50.000 DM) und ohne eigenes Anlagevermögen. Gegen eine monatliche Gebühr von 12.000 DM konnte das Anlagevermögen der SMI genutzt werden (EK 2000, Abs. 6, 25). Am 1. Juli 1997 wurde die SiMI Microelectronic Design & Development GmbH (MD&D) als 100%ige Tochter der SiMI für die Bereiche Marketing, Entwicklung und Gestaltung mikroelektronischer Erzeugnisse sowie Dienstleistungen mit acht Mitarbeitern gegründet (Gespräch MÖHR 2000). Die vollständige Privatisierung gelang schließlich im Jahr 1999, als MD&D zu 80% von der amerikanischen Firma Megaxess Inc. übernommen wurde, die auf dem Gebiet der ASICs-

Produktion tätig ist, und die verbleibenden 20% von drei Arbeitnehmern der MD&D gekauft wurden (EK 2000, Abs. 9).

Weniger als ein Jahr später mussten sich allerdings beide Firmen für zahlungsunfähig erklären, da die Europäische Kommission (EK) im April 2000 ihre Entscheidung über die Rückzahlungsverpflichtung der staatlichen Beihilfen in Höhe von 140,1 Mio. DM bekanntgab. Sowohl SiMI wie auch MD&D fehlten die Gegenwerte, um die geforderte Summe zurückzuzahlen. Daher wurde am 1. Mai 2000 erneut ein Insolvenzverfahren eingeleitet (Gespräch MÖHR 2000).

Am 15. August 2000 gründete das amerikanische Unternehmen Megaxess Inc. auf der Grundlage des Anlagevermögens der Unternehmen SiMI und MD&D mit etwa 120 Beschäftigten ein Tochterunternehmen, die Megaxess GmbH Deutschland. Gegenstand des neuen Unternehmens sind Entwicklung, Design, Produktion und Vermarktung mikroelektronischer Produkte, insbesondere für die Bereiche Telekommunikation, Industrieelektronik und Automobilindustrie. Neben dem Angebot eigener Endprodukte will das Unternehmen sich zukünftig mit Prozessservice für innovative Nischenlieferanten im Bereich der Sensor- und Solartechnologie und der Mikrosystemtechnologie etablieren (MEGAXESS GMBH DEUTSCHLAND 2001: o.S.).

Die in den Kapiteln 4.2 und 4.3 nachgezeichnete Entwicklung des Halbleiterwerkes in Frankfurt/Oder seit 1989 lässt die Faktoren des Regulations- und Akkumulationssystems als entwicklungsbestimmend erkennen (vgl. Abb. 9).

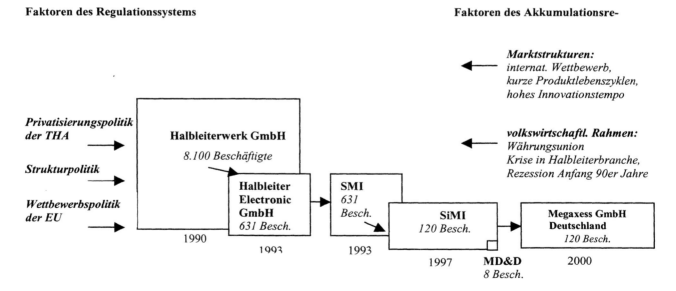

Abb. 9: Bestimmende Faktoren des Regulations- und Akkumulationssystems für die Entwicklung des Halbleiterwerkes seit 1990
Quelle: eigener Entwurf

4.4 Der Strukturwandel am Standort Frankfurt/Oder im Verlauf der Transformation

Mit der Transformation des Wirtschaftssystems musste sich der Standort Frankfurt/Oder in den bundesdeutschen und europäischen Gesamtraum einordnen. Frankfurt/Oder gehört der raumordnerischen Kategorie "Oberzentrum" an und ist als kreisfreie Stadt mit 72.725 Einwohnern (Stand: März 2000) und einer Fläche von 14,762 ha das Administrationszentrum Ostbrandenburgs sowie eine der grössten Städte des Landes (STADT FRANKFURT/ODER 2000a: 2).

Das Wirtschaftskonzept der Stadt Frankfurt/Oder aus dem Jahr 1998 sieht in seinem Leitbild vor, *"die Stadt Frankfurt/Oder als regionales Entwicklungszentrum in einem deutsch-polnischen Verflechtungsraum zu einem attraktiven Wirtschaftsstandort für Industrie, Gewerbe, Handel und Dienstleistungen zu entwickeln"*. Da die Stadt außer ihrer geopolitischen Lage keine besonderen Standorteigenschaften hat, die sie von vergleichbaren Städten abheben würden, liegen die Entwicklungschancen laut ihrem Wirtschaftskonzept in der Ausnutzung der Potentiale im osteuropäischem Raum und der Lage in einem der wichtigsten transeuropäischen Verkehrsnetze (Berlin-Warschau-Moskau). Die wirtschaftliche Zukunft soll mit der Umsetzung folgender Entwicklungsziele gesichert werden:

- Festigung der Funktion als Oberzentrum und regionales Entwicklungszentrum (REZ) in einem deutsch-polnischen Verflechtungsraum,
- Sicherung der Entwicklung der kleinen und mittelständischen Unternehmen,
- Entwicklung zum Technologie- und Innovationsstandort[39],
- Entwicklung zum Wissenschaftsstandort,
- Entwicklung der Handels- und Verkehrslogistik sowie
- Ausbau zum Messe-, Tagungs- und Kongressstandort (STADT FRANKFURT/ODER 1998: 3, 7).

Im Laufe der Transformation fand ein Strukturwandel statt, der sich in den alten Bundesländern bereits während der letzten zwanzig Jahre allmählich vollzogen hatte. Die Entwicklung des verarbeitenden Gewerbes ist durch einen fast vollständigen Niedergang der vorhanden Strukturen gekennzeichnet. Bis 1998 fand ein Beschäftigungsrückgang um 77% auf ca. 3.000 Beschäf-

---

[39] Der Grundsatz, die Stadt Frankfurt/Oder zu einem Technologie- und Innovationsstandort auszubauen, ist nicht nur in der Kommunalpolitik zu finden, sondern auch in der Regional- und Landespolitik verankert. Laut Regionalplan der Region Oderland-Spree soll Frankfurt/Oder zu einer Hanse-, Messe-, Technologie- und Universitätsstadt entwickelt werden, um u.a. folgende raumordnerisch bedeutsame Handlungsgründe und –ziele zu verfolgen: Sicherung und Entwicklung der strukturbestimmenden Wirtschaftszweige Verkehrs- und Transportlogistik (ETTC), Hochtechnologie/Mikroelektronik und Messe- und Kongresswesen (RPS 1998: 26). Das Regionale Netzwerk Oderland-Spree fixiert seine Bemühungen auf die Schlüsselthemen "Silicium und Stahl" (STADT FRANKFURT/ODER 2000b: 31).

tigte in 243 mittelständischen Betrieben statt (STADT FRANKFURT/ODER 1998: 4). Baugewerbe, Verkehr und Fernmeldewesen sowie einzelne Organisationen konnten sich dagegen vergleichsweise positiv entwickeln. Besonders im Dienstleistungsbereich, aber auch im Kredit-, Versicherungs- und Finanzwesen, waren Wachstumsgewinne zu verzeichnen, was auf einen erheblichen Nachholbedarf im Servicebereich schließen lässt (ENGEL 1996: 147). Durch diese Entwicklung schrumpfte der Anteil des verarbeitenden Gewerbes an der Gesamtbeschäftigung in Frankfurt/Oder von knapp 29% (1990) auf 7,6% (1999) (STADT FRANKFURT/ODER 2000c: 34).

Nach Abbau der Produktionstätigkeiten der Halbleiterbranche trägt die Stadt Frankfurt/Oder heute den Charakter einer Dienstleistungs- und Verwaltungsstadt (ENGEL 1996: 192). Es ist bisher aber nicht gelungen, Dienstleistungen, Gewerbe und höherwertige Infrastruktur in dem Masse anzusiedeln – wie es für die Umstrukturierung und Entwicklung nötig gewesen wäre – um sich zu einem Entwicklungs- und Wachstumspol im Sinne des raumordnerischen Leitbildes des Landesentwicklungsprogramms (LEPro) mit den entsprechenden Angeboten auf dem Arbeitsmarkt zu entfalten (ARNDT/JÄHNKE/TRILLER 1997: 25, 28). Die wirtschaftliche Situation ist nach wie vor durch eine hohe Arbeitslosigkeit von 18,6% (Juli 2000) (STADT FRANKFURT/ODER 2000a: 3), einem Mangel an Ausbildungsplätzen sowie konjunkturelle und strukturelle Probleme gekennzeichnet, woraus ein Rückgang der Investitionstätigkeiten in der Stadt resultiert (STADT FRANKFURT/ODER 2000b: 6).

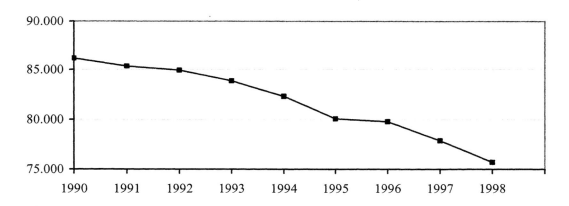

Abb. 10: Entwicklung der Bevölkerung in Frankfurt/Oder seit 1990
Quelle: Stadt Frankfurt/Oder 2000c: 11ff, eigene Darstellung

Auch die negative Bevölkerungsentwicklung seit 1990 (-15%) bestätigt die strukturellen Probleme, wobei v.a. die Zahl der Kinder und Jugendlichen sowie der 18-30jährigen abgenommen hat. Die Zahl der Personen, die älter als 65 Jahre sind, ist dagegen von 9% (1990) auf 13,5% (1999) angestiegen. Dieser Trend lässt sich zum einen auf eine Abwanderung jüngerer Haushalte und zum anderen auf den für die neuen Bundesländer seit dem Systemwechsel typischen Geburtenrückgang, den sog. Transformationsschock zurückführen (VALERIUS 1998: 41).

Hieraus ergibt sich auch, wie in anderen ostdeutschen Kommunen, das Problem eines hohen Wohnungsleerstandes in der Stadt, welcher in Frankfurt/Oder im Jahr 2000 insgesamt 4.168 Wohnungen betrug, wobei die Zunahme des Leerstandes seit 1997 auf einem quantitativ hohen Niveau erfolgte. Mittlerweile steht jede zehnte Wohnung länger als sechs Monate leer. Während der Leerstand im Bestand der Baujahre an 1990 vernachlässigend gering ist, ist der Leerstand in den Altbaubeständen (Baujahr bis 1949) leicht zurückgegangen. Diese Bestände stehen in erster Linie instandsetzungsbedingt leer. So wird die Leerstandsentwicklung mit 79% am Gesamtleerstand vornehmlich durch die Bestände aus den Baujahren 1950-1990 bestimmt, wobei dieser wiederum im wesentlichen durch den Plattenbaubestand bestimmt wird. Im Jahr 2000 machte dieser ca. 53% des Gesamtleerstandes aus (vgl. Abb. 11) (STADT FRANKFURT/ODER 2001: 1f).

Mit der Zunahme des Wohnungsbestandes durch die Errichtung neuer Eigenheimsiedlungen, v.a. im Umland, bei gleichzeitiger Abnahme der Einwohnerentwicklung ist seit 1997 innerhalb der Stadt ein ständig wachsender Wohnungsüberhang entstanden. Zieht man das Mobilitätsverhalten (3%-ige Mobilitätsreserve) und die Eigenheimbaustatistik (Suburbanisierung) hinzu, scheint es zu einem deutlichen Rückbau keine Alternativen zu geben. Die Stadt Frankfurt/Oder ging Ende des IV. Quartals 2000 von einem Rückbaubedarf von 3.800 Wohnungen aus (STADT FRANKFURT/ODER 2001: 2f).

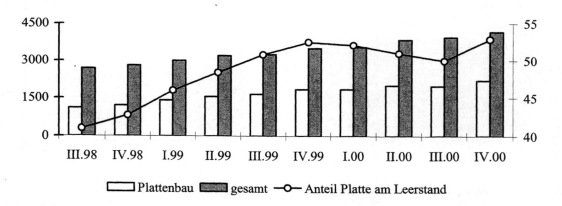

Abb. 11: Der Anteil des Plattenbaubestandes am gesamten Wohnungsleerstand in Frankfurt/Oder
Quelle: Stadt Frankfurt/Oder 2001: 2

Da bis zum Jahr 1997/98 in der Stadtentwicklung noch von Wachstumsszenarien ausgegangen wurde, konzentrierte sich die Stadtplanung vorwiegend auf Sanierungs- und Neubautätigkeiten, was sich bereits positiv auf das Stadtbild auswirken konnte. Um die beschriebenen Probleme des Wohnungsleerstandes aufzufangen, werden von der Stadt gegenwärtig neue Rahmenplanungen für einen Rückbau in den Grosswohnkomplexen Nord und Neuberesinchen, hier stehen von 9.000 Wohnungen derzeit 2.000 leer, erarbeitet (Gespräch RUGE 2001).

4.5 Frankfurt/Oder als Technologiestandort

Angesichts des vorhandenen Potentials und der Tradition des Standortes erschien es nach dem Systemwechsel naheliegend, der Entwicklung der Mikroelektronikbranche besondere Aufmerksamkeit zu schenken (STADT FRANKFURT/ODER 2000b: 3). Dieser Aspekt soll nun vor dem Hintergrund der beschriebenen Entwicklung im Halbleiterwerk näher betrachtet werden.

Trotz massiver Unterstützung durch das Land Brandenburg ist es nicht gelungen, die Nachfolgeunternehmen des ehemaligen VEB HFO als industrielle Kerne zu etablieren. Rückwirkungen auf die Existenz kleinerer Dienstleistungs- und Handwerksbetriebe sowie eine rasche Abwanderung qualifizierten Personals aus der Elektronikbranche, der Bauindustrie und der Informatik waren die Folge (STADT FRANKFURT/ODER 2000b: 2), die auch darauf zurückgeführt werden kann, dass viele der Fachkräfte, z.B. Universitätsabgänger, mehr oder weniger zwangsweise nach Frankfurt/Oder delegiert wurden. Bis 1995 waren erste Erfolge zur Etablierung eines modernen Mikroelektronikstandortes lediglich in der Neugründung von technologieorientierten Kleinstunternehmen (1-5 Personen) durch z.T. ehemalige Halbleiterwerker zu verzeichnen (EN-GEL 1996: 193). Systematische Ausgründungen aus dem Halbleiterwerk fanden, abgesehen von einigen wenigen im Bereich Handwerk und Dienstleistungen, einem Ingenieurbüro aus dem Bereich der Konsumgüterproduktion und der Gärtner-Electronic-Design (GED) GmbH (1991) nicht statt (Gespräch TELSCHOW 2001). 1994 wurde die Firma alpha microelectronics GmbH und 1998

Tab. 5   Unternehmen im Bereich der Mikroelektronik in Frankfurt/Oder

Bereich	Anzahl
Halbleiterproduktion/Schaltkreisdesign	4
Forschung und Entwicklung	3
Equipment, Sondermaschinen- und Gerätebau	4
Servicedienstleistungen, unternehmensnahe Dienstleistungen	3
Anwender, Endkunden	4
Solartechnologie	1

Quelle: KOMPETENZZENTRUM 2001: o.S.; Gespräch TELSCHOW 2001

im Rahmen der Initiative "Förderwerk Mikroelektronik"[40] die MAF Microelectronic Assembly Frankfurt/Oder GmbH gegründet. Nach eigenen Erhebungen gab es im Februar 2001 im Bereich der Mikroelektronik, einschliesslich Solartechnologie, in Frankfurt/Oder achtzehn Unternehmen mit insgesamt 556 Beschäftigten, die sich folgendermaßen einordnen lassen können.

Abbildung 12 zeigt eine graphische Darstellung der Entwicklung der Unternehmen der Mikroelektronikbranche am Standort Frankfurt/Oder seit 1989. Auffällig ist eine Verlagerung des Mikrostandortes vom ehemaligen Gelände des Halbleiterwerkes in das neu erschlossene Gebiet des Technologieparks. Die Gründe hierfür müssen in den Rahmenbedingungen für die Umnutzung des Geländes gesehen werden. Die zuvor landwirtschaftlich genutzten Flächen des Technologieparks standen bereits 1993 für die Ansiedlung von neuen Unternehmen zur Verfügung, wohingegen das Bebauungsplanverfahren für das ehemalige Halbleiterwerksgelände erst nach 1998 abgeschlossen werden konnte (STADT FRANKFURT/ODER 1998: 3, 8).

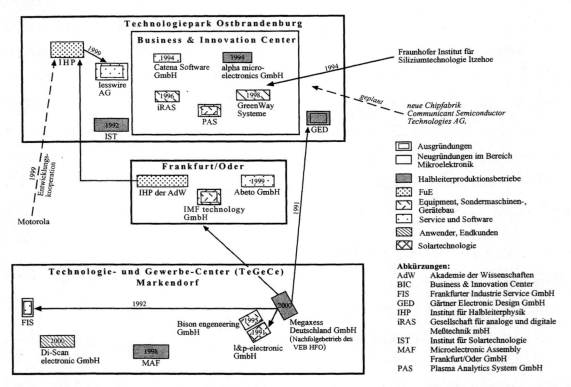

Abb. 12: Die Unternehmen der Mikroelektronik am Standort Frankfurt/Oder nach 1989
Quelle: Kompetenzzentrum 2001: o.S.; Gespräch Telschow 2001

---

[40] Über die Initiative *"Förderwerk Mikroelektronik"*, ein Fördermittelprogramm des Arbeitsministeriums, das in Folge der Anmeldung der Gesamtvollstreckung von SMI aufgelegt wurde, wurden weitere Landesmittel zur Unterstützung neuer Projekte im Bereich der Mikroelektronik zur Verfügung gestellt. In erster Linie ging es um Weiterbildungs- und Qualifikationsmaßnahmen für Existenzgründungen und die Schaffung neuer Arbeitsplätze für ehemalige Beschäftigte der SMI (Gespräch LANGE 2001). Aufgrund dieses Programms ist neben dem Neustart des Halbleiterwerkes als SiMI GmbH jedoch lediglich das Unternehmen MAF gegründet worden (Gespräch TELSCHOW 2001).

Trotz der starken Bemühungen das Mikroelektronikpotential des Standortes zu erhalten und auszubauen, ist dessen Bedeutung folglich als gering einzustufen. Über die Gründe, warum, aufbauend auf dem ehemals vorhandenen Potential des Grossunternehmens Halbleiterwerk, bisher keine dynamische Entwicklung eingeleitet werden konnte, kann viel spekuliert werden. Eine Rolle gespielt haben mag zum Einen, dass es der Stadt bis 1995 nicht gelang, klare Schwerpunkte zu setzen. Dringlichkeit und Spontaneität bestimmten das Handeln und es fehlte ein geschlossenes Konzept wirtschaftspolitischer Maßnahmen (STADT FRANKFURT/ODER 2000b: 4). Zum Anderen waren, nach Ansicht einiger örtlicher Akteure, die zur Verfügung gestellten Förderungen rückblickend zu lange und zu einseitig auf Existenzgründungen ausgerichtet. Da das Halbleiterwerk in erster Linie ein Betrieb für die Massenproduktion einfacher Bauelemente war, die vorwiegend von geringer qualifiziertem Personal in abhängigem Beschäftigungsverhältnis ohne hohe Anforderungen an Flexibilität und Selbständigkeit ausgeführt wurde, kann vermutet werden, dass nicht genügend Potential und Interesse für Unternehmensgründungen vorhanden war. Erschwerend kommt hinzu, dass es in Frankfurt/Oder keine technische Universität gibt, die junge Ingenieure am Standort ausbildet, was insofern einen Nachteil darstellt, dass direkt vor Ort kaum Potential für mögliche Ausgründungen innovativer Unternehmen vorhanden ist (Gespräch RICHTER 2000). Derartige Neuansiedlungen sind nur schwer zu gewinnen und bisher - mit Ausnahme der Plasma Analytical Systems GmbH (PAS) als Ausgründung aus dem Fraunhofer Institut für Silizium Technologie (ISIT) in Itzehoe - im Bereich der Mikroelektronik nicht passiert (Gespräch WILKE 2000; Gespräch TELSCHOW 2001).

Erst 1995, mit Umstrukturierung und Ausbau der Forschungskapazitäten des Institutes für Halbleiterphysik (IHP), konnte ein Ansatz für eine hoffnungsvollere Entwicklung eingeleitet werden. Das IHP wurde im Dezember 1991 aus dem AdW-Institut der DDR in der Rechtsform einer GmbH als ein Institut der *Blauen Liste* gegründet und mit staatlichen Mitteln privatisiert. Mittlerweile ist es, wie fast alle Einrichtungen der *Blauen Liste*, Mitglied der *Wissenschaftsgemeinschaft Gottfried Wilhelm Leibnitz* (IHP 1999: 9; Gespräch RICHTER 2000). Mit Konzentration der Grundlagen- und Anwendungsforschung auf die Bereiche Kommunikationssysteme, HF-Schaltkreisentwurf, Prozesstechnologie für drahtlose Kommunikation, Materialforschung und Diagnostik (IHP 1999: 13) konnten erste wissenschaftliche Erfolge erreicht werden und es hat sich eine Bedeutungsverlagerung von der einfachen Massenproduktion des ehemaligen Grossbetriebes Halbleiterwerk zu höherwertigen FuE-Aktivitäten herauskristallisiert. Das im IHP entwickelte patentierte Chipträgermaterial auf Germanium-Silizium-Kohlenstoffbasis (SiGe:C), das weltweit als Schlüsseltechnologie für "Mobile-Connectivity"-Geräte gilt und die Datenübertragung auf einen mobilen Empfänger deutlich schneller werden lässt, bildet die Grundlage für die strategische Partnerschaft mit der US-Firma Motorola, die im Mai 1999 auf dem Gebiet der Prozesstechnologie zur Entwicklung einer nächsten Generation von Chips für die mobile Kommunikation geschlossen wurde (DIE WELT 08.02.2001, STEYER 1999: o.S.).

Neben der Ansiedlung und Neugründung zukunftsorientierter kleiner und mittlerer Unternehmen, die sich auf die Herstellung kundenspezifischer Schaltkreise konzentrieren, beruht die zweite Hoffnung des Standortes auf einer Produktion der im IHP entwickelten Produkte vor Ort. Die Realisierung der seit langem geplanten Ansiedlung einer neuen Chipfabrik im Frankfurter Technologiepark ist ein erster Schritt in diese Richtung. Unter Beteiligung des amerikanischen Chipherstellers Intel, dem Frankfurter IHP und dem Emirat Dubai gründete das Brandenburger Wirtschaftsministerium Anfang Februar die Communicant Semiconductor Technologies AG mit einem Investitionsvolumen von über 1,5 Mrd. Dollar (3,15 Mrd. DM) (DIE WELT 08.02.2001; SCHUMANN 2001: o.S.). Die neue Chipfabrik soll ab 2003 als sog. *foundry factory* Chips für Design- und Systemhäuser ohne eigene Fertigungskapazitäten und für grosse Halbleiterhersteller produzieren. Geplant ist eine Produktionskapazität von maximal 30.000 Wafer (8 Zoll) pro Monat, wobei neben dem SiGe:C-Prozess auch einfachere BiCmos-Prozesse gefahren werden können (VDI NACHRICHTEN 16.02.2001). Insgesamt wird mit etwa 1.500 neuen Arbeitsplätzen gerechnet, zuzüglich weiterer 2.000 Folgejobs im Zulieferer- und Equipmentbereich (MOZ 08.02.2001), was für den Standort Frankfurt/Oder nicht nur in wirtschaftlicher Hinsicht einen enormen Aufschwung bedeuten würde.

Allerdings erscheint die tatsächliche Realisierung des Projektes aufgrund der noch unsichereren Finanzierung und der Ausstiegsklausel für die beiden Vertragspartner durchaus fraglich. Ein grosser Teil der vereinbarten Investitionssumme bleibt offen und soll über öffentliche Förderungen (Investitionszulagen, GRW-Fördermittel, FuE-Förderung des Bundes) sowie staatlich verbürgte Bankdarlehen zur Verfügung stehen. Eine staatliche Förderung des Projektes in Höhe von 35% der Gesamtsumme (entspricht etwa 525 Mio. Dollar) durch den Bund und das Land Brandenburg ist zwar bereits eingeplant, muss aber zunächst noch durch die EU geprüft werden und ist daher als noch offen zu betrachten (KULICK 2001: o.S.). Sofern die vereinbarte Investitionssumme zum 30. September 2001 nicht gesichert ist, können sich sowohl Intel wie auch das Emirat Dubai noch bis Ende des Jahres mit den IHP-Lizenzen zurückziehen, was ein erhebliches Risiko für die tatsächliche Realisierung des Projektes darstellt (SCHUMANN/KULICK 2001: o.S.). Aus einem Bericht der Agentur spiegel-online vom 13.07.2001 geht hervor, dass die Verhandlungen mit den Investoren aus dem Emirat Dubai noch nicht abgeschlossen sind und die Finanzierung immer noch ungeklärt ist. Trotzdem ist Anfang Mai bereits mit dem der Bau der Chipfabrik begonnen worden.

5   Zusammenfassung und Ausblick

Ein prägender Faktor für die wirtschaftsstrukturelle Entwicklung der Stadt Frankfurt/Oder war bis 1989 der VEB Halbleiterwerk Frankfurt/Oder (VEB HFO), dessen Privatisierung und Restrukturierung nach dem Systemwechsel und der damit verbundenen Folge für die weitere wirtschaftsräumliche Entwicklung im Mittelpunkt der Betrachtung standen.

Aus der sozialistischen Wirtschaftsordnung als Basis des Regulationssystems der ehemaligen DDR ergab sich eine erhebliche politische Beeinflussung der Wirtschaftsprozesse. Die Akkumulation der wirtschaftlichen Ressourcen, Produktionsprozesse, Zuliefer- und Abnehmerbeziehungen sowie Organisationsstrukturen wurden zentral "von oben" geplant und reguliert und waren damit von vorneherein festgelegt. Der staatlich forcierte Aufbau des Halbleiterwerks in der Stadt Frankfurt/Oder setzte dort eine wirtschaftliche Entwicklungsdynamik in Gang, die das Werk zu einem wichtigen Standortfaktor für die Stadt und auch Region werden ließ. Wie in der DDR üblich, war auch die Stadtentwicklungsplanung einseitig auf diesen einen Betrieb ausgerichtet, was deutliche Auswirkungen auf die Stadt- und Wirtschaftsstrukturen hatte. Für Auf- und Ausbau dieser Wirtschaftsstrukturen ließen sich verschiedene Bestimmungsfaktoren identifizieren, die wiederum direkte und indirekte Auswirkungen auf die Entwicklung des Standortes hatten.

Tab. 6:   Bestimmende Faktoren des Regulations- und Akkumulationssystems der DDR für die Entwicklung der Standortstrukturen in Frankfurt/Oder

Regulationsweise	Akkumulationsregime
- Volkswirtschaftsplanung: zentrale Steuerung der Wirtschaftsprozesse durch externe Entscheidungen - Strukturpolitik: Güterproduktion nach den Präferenzen der politischen Führung, die Mikroelektronik als Schlüsselindustrie - Technologiepolitik: forcierter Aufbau der Mikroelektronikindustrie - Territorialplanung und Industriepolitik: Grundlage für Standortentscheidung zugunsten der Stadt Frankfurt/Oder (Abbau regionalwirtschaftlicher Disparitäten, territoriale Spezialisierung)	- Unternehmensstrukturen: vorwiegend vertikal integrierte, hierarchisch organisierte, funktional ausdifferenzierte Kombinate - Produktionskonzept: *economies of scale*, Massenproduktion

Quelle: eigene Darstellung

Mit Transformation der Wirtschaftsordnung von der sozialistischen Planwirtschaft zur sozialen Marktwirtschaft im Jahr 1989 vollzog sich am Standort Frankfurt/Oder eine grundlegende Änderung im Akkumulations- und Regulationssystem und damit in den entwicklungsbestimmenden Rahmenbedingungen. Nun hatten sowohl die Wirtschaftseinheiten als auch die unteren politischen Ebenen aufgrund der dezentralen Regulation und des föderalen Prinzips einen gewissen Spielraum für eigene Maßnahmen. Neben die Staats- und Parteiführung – als ausschließlicher Akteur des Regulationssystems – treten private Organisationen, Institutionen und Unternehmen, die am Wirtschaftsgeschehens beteiligt sind und sowohl Regulations- wie auch Akkumulationssystem beeinflussen. Vor dem Hintergrund der Globalisierung spielen sich diese Prozesse auf zunehmend internationaler Ebene ab, so dass der Wirtschaftsstandort sich in ein komplexes und nur schwer zu überschauendes Beziehungsgeflecht einzuordnen hatte. Folgende Faktoren können als unmittelbar bestimmend für die weitere Entwicklung der Standortstrukturen genannt werden.

Tab. 7: Bestimmende Faktoren des Regulations- und Akkumulationssystems der BRD für die Entwicklung der Standortstrukturen in Frankfurt/Oder

Regulationsweise	Akkumulationsregime
- Strukturpolitik: Abbau regionalwirtschaftlicher Disparitäten (Ziel-1-Gebiet, Gemeinschaftsaufgabe "Verbesserung der regionalen Wirtschaftsstruktur", Konzept der industriellen Kerne, kommunale Wirtschaftpolitik) - Privatisierungspolitik der THA: schnelle Privatisierung auf Grundlage westlicher Investitionen und internationaler Kapitalverflechtungen; Förderung des Mittelstands - Wettbewerbspolitik der EU: grundsätzliches Verbot aller Interventionen mit wettbewerbsverzerrenden Wirkungen	- Produktionsstrukturen auf dem Markt für Halbleiterbauelemente: starke internationale Konkurrenz; kurze Produktlebenszyklen; hohes Innovationstempo; geringe Fertigungstiefe - Volkswirtschaftliche Rahmenbedingungen: Währungsunion; Krise in der Halbleiterbranche; Rezession Anfang der 90er Jahre

Quelle: eigene Darstellung

Aufgrund des unaufhaltsamen Abbaus ihres ehemaligen Wirtschaftspotentials trägt die Stadt Frankfurt/Oder zur Zeit den Charakter einer Dienstleistungs- und Verwaltungsstadt. Um den notwendigen Strukturwandel durchzuführen und eine sich selbst tragende regionale Wirtschaftsentwicklung zu erreichen, wird u.a. versucht, unter der Nutzung noch vorhandener endogener Potentiale, erneut an die Tradition Mikroelektronik anzuknüpfen und einen technologieorientierten innovativen Wirtschaftszweig aufzubauen. Der Mikroelektronikstandort Frankfurt/Oder soll wiederbelebt werden und internationale Anerkennung finden. Ziel dabei ist die Erhaltung und Schaffung von Arbeitsplätzen durch Ansiedlung und Neugründung zukunftsorientierter kleiner und mittlerer Unternehmen. Aufbauend auf dem vorhandenen Potential der SiGe:C-Technologie des IHP, welches inzwischen zum wichtigsten Standortfaktor Frankfurt/Oders im Bereich der Mikroelektronik geworden ist und anknüpfend an bereits erreichte Erfolge besteht durchaus eine

Chance, einen modernen Technologiestandort der Mikroelektronik aufzubauen. Mit der Ansiedlung einer neuen Chipfabrik könnte wirtschaftliche Situation am Standort verbessert und sein immer noch negativer Ruf aufgewertet werden, wovon auch die bereits ansässigen Unternehmen profitieren können, indem neues Humankapital in die Stadt kommt (Gespräch GOEPEL 2001). Es bleibt allerdings abzuwarten, ob sich hieraus wirtschaftliche Mulitplikatoreffekte für die Region sowie eine nachhaltige und dynamische Fortsetzung der bestehenden Ansätze ergeben werden.

Mit dem Bau eines auf die Produktion von Chips für die drahtlose Datenübertragung spezialisierten Werkes lässt sich der Standort allerdings auf ein sehr hohes Risiko ein. Ein Indiz hierfür mag auch die geringe Beteiligung des amerikanischen Chipherstellers und Investors Intel sein, der nach verschiedenen Zeitungsberichten sowohl einen Mehrheitsanteil wie auch die unternehmerische Führung ablehnt (SCHUMANN/KULIK 2001: o.S.). Ein zweites Problem stellt die Kurzlebigkeit derartiger Produktionen dar. Die Produktion in der neuen Chipfabrik kann frühestens in zwei Jahren aufgenommen werden, wobei sich die Frage stellt, inwieweit die Technologie im Vergleich zur Konkurrenz weiterentwickelt werden kann. Vor dem Hintergrund, dass neue Produktionslinien im Halbleiterbereich sehr schnell veralten, werden bald hohe Folgeinvestitionen erforderlich sein. Zudem erscheint es eher zweifelhaft, dass es gelingen kann, mit öffentlichen Geldern über Förderprogramme einen neuen Anbieter in einem solch hochkomplexen und dynamischen Markt wie dem Halbleitermarkt zu etablieren, so dass die Produktionsaufnahme letztendlich ein hohes langfristiges Standortrisiko mit sich bringt. Betrachtet man all diese Risiken unter dem Aspekt der hohen Konkurrenz der drei ostdeutschen Mikroelektronikstandorte erscheint es nahezu illusorisch, den Standort Frankfurt/Oder, auch unter der Voraussetzung eines tatsächlichen Baus der geplanten Chipfabrik, als gesichert zu betrachten (SCHUMANN 2001: o.S.).

Auch muss damit gerechnet werden, dass die benötigten Arbeitskräfte für den Betrieb der Chipfabrik in der kurzen Zeit nur schwer zu finden sein werden (SCHUMANN 2001: o.S.). Der Mangel an qualifizierten Arbeitskräften wird auch von den Unternehmen vor Ort beklagt. Zum Teil sind zwar noch einige der alten Wissensträger da, auf deren Erfahrung v.a. im Bereich der halbleiterspezifischen Infrastruktur und Dienstleistungen zurückgegriffen werden kann (Gespräch GOEPEL 2001). Aber viele ehemalige Mitarbeiter des Halbleiterwerkes, die einst ein ausreichendes und gut ausgebildetes Humankapital für die Halbleiterbranche bildeten, wanderten im Laufe der letzten zehn Jahre aufgrund unzureichender Beschäftigungsaussichten in andere Regionen und Länder ab oder sind mittlerweile in fremden Disziplinen tätig. Ebenso muss davon ausgegangen werden, dass die Qualifikation eines Ingenieurs nach längerer Arbeitslosigkeit abnimmt, so dass das Angebot an qualifizierten Kräften geschrumpft bzw. nur mit einem hohen Kostenaufwand reaktiviert werden kann (Gespräch SCHWARZ 2001). Da es in Frankfurt/Oder keine technische Universität für die Ausbildung im Bereich der Halbleiterphysik gibt und bei der ansässigen Bevölkerung zudem nach Auskunft mehrerer Gesprächspartner eine pessimistische Grundhaltung festzustellen ist, gibt es enorme Nachwuchsprobleme (Gespräch RICHTER 2000, Gespräch GOEPEL 2001).

Hieraus folgt für die Stadt Frankfurt/Oder, sich um eine weitere Diversifizierung der wirtschaftlichen Aktivitäten zu bemühen. In einer Zeit, in der in der Halbleiterindustrie mit extrem kurzen Produktlebenszyklen, weltweitem Wettbewerb und schneller Kapitalwanderung gerechnet werden muss, ist eine industrielle Monostruktur gerade im Halbleiterbereich für einen Standort nicht vertretbar. Bei einem Scheitern des Projektes riskiert die Stadt Frankfurt/Oder zudem, ihren wertvollsten Standortvorteil - das IHP und die dort entwickelte Technologie - für die Anwerbung von Hightech-Firmen zu verlieren, da aufgrund der Ausstiegsklausel dann einer Produktion an einem anderen Standort nichts mehr im Wege stünde (SCHUMANN 2001: o.S.).

6   Literatur

BATHELT, H. (1994): Die Bedeutung der Regulationstheorie in der wirtschaftsgeographischen Forschung. In: Geographische Zeitschrift, Jg. 82, H. 2. S.63-90.

BISCHOF, R. / VON BISMARK, G. /CARLIN, W. (1993): From Kombinat to Private Enterprise: Two Case Studies in East German Privatisation. University College London. Discussion Papers in Economics 2.

C&L TREUARBEIT DEUTSCHE REVISION (Hrsg.) (1992): Ohne Titel. BETRIEBSARCHIV DER PTC-ELECTRONIC AG.

DANIELZYK, R. / OSSENBRÜGGE, J. (1993): Perspektiven geographischer Regionalforschung. "Locality Studies" und regulationstheoretische Ansätze. In: Geographische Rundschau, Jg. 45, H. 4. S.210-216.

DERKSEN, W. / TRIPPLER, H. (o.J.a): Menschen, Maschinen, Mikroelektronik. Zur Geschichte des VEB Halbleiterwerk Frankfurt (Oder). Betriebschronik des Halbleiterwerkes Frankfurt/Oder, Teil 1. Von der Gründung bis zum Jahre 1963. Frankfurt/Oder.

DERKSEN, W. / TRIPPLER, H. (o.J.b): Menschen, Maschinen, Mikroelektronik. Zur Geschichte des VEB Halbleiterwerk Frankfurt (Oder). Betriebschronik des Halbleiterwerkes Frankfurt/Oder, Teil 2. Die Zeit zwischen dem VI. und VIII. Parteitag der SED 1963-1971. Frankfurt/Oder.

DICKEN, P. (1998): Global Shift – Transforming the world economy. Hants, Wiltshire.

DIE WELT (08.02.2001): Intel beteiligt sich an neuer Chipfabrik in Ostdeutschland. http://www.welt.de.

DIREKTORAT FÜR GRUNDFONDSWIRTSCHAFT (1958): Überarbeitete Vorplanung für die Entwicklung eines Halbleiterbauelementewerkes in Frankfurt/Oder, Ortsteil Markendorf.

BRANDENBURGISCHES LANDESHAUPTARCHIV POTSDAM: Akten zum Bezirk Frankfurt/Oder Rep. 704, Nr. 216.

ENGEL, D. (1996): Wirtschaftsentwicklung versus Beschäftigungsentwicklung. Der Einfluss beschäftigungswirksamer Maßnahmen auf die realen Beschäftigungseffekte am Beispiel Frankfurt/Oder. In: HÖHNER, D. (Hrsg.) (1996): An der Grenze. Chancen für die wirtschaftliche Entwicklung in Ostbrandenburg. Kowa(Kooperationsstelle Wissenschaft und Arbeitswelt an der Europa-Universität Viadrina)-Schriftenreihe 1. Frankfurt/Oder, Bamberg. S.107-203.

EUROPÄISCHE KOMMISSION (EK) (Hrsg.) (2000): Entscheidung der Kommission vom 11. April 2000 über die staatliche Beihilfe Deutschlands zugunsten der System Microelectronic Innovation GmbH Frankfurt/Oder (Brandenburg). Amtsblatt der Europäischen Gemeinschaften L238/50. Aktenzeichen K(2000) 1063. Nicht veröffentlichungsbedürftige Rechtsakte. Brüssel.

GAYKO, A. (2000): Investitions- und Standortpolitik der DDR an der Oder-Neiße-Grenze 1950-1970. Europäische Hochschulschriften, V , 2648. Franfurt am Main, Berlin, Bern, Brüssel, New York, Oxford, Wien.

GRABHER, S. (1991): Die neue Teilung: Kombinatsentflechtungen und Westinvestitionen in den ostdeutschen Regionen. In: Raum, Bd. 3. S.31-45.

HEIMPOLD, G. (1995): Die Förderung von Unternehmensinvestitionen in den neuen Ländern. In: HOLTHUS, M. (Hrsg.) (1995): Elemente regionaler Wirtschaftspolitik in Deutschland. Veröffentlichungen des HWWA(Hamburger Weltwirtschafts-Archiv)-Institutes für Wirtschaftsforschung 22. Baden-Baden. S.129-153.

INSTITUT FÜR HALBLEITERPHYSIK FRANKFURT/ODER (IHP) (Hrsg.) (1999): Jahresbericht 1998. Frankfurt/Oder.

KLITZKE, J. (1995): Mikroelektronik im Osten Deutschlands. Die Geschichte des VEB Halbleiterwerk Frankfurt/Oder, der ersten Produktionsstätte der ostdeutschen Mikroelektronik. Vortragsunterlagen zu einer Veranstaltung des VDI-Arbeitskreises Technikgeschichte und des Museums für Verkehr und Technik. Berlin.

KLOTEN, N. (1991): Die Transformation von Wirtschaftsordnungen. Theoretische, phänotypische und politische Aspekte. Tübingen.

KOMPETENZZENTRUM FÜR MIKROELEKTRONIK FRANKFURT/ODER (Hrsg.) (2001): Frankfurt/Oder – Center of Competence for Microelectronics. Location, Company Profiles, Cooperation Opportunities, Support Services. Frankfurt/Oder.

KRAMM, H. J. (1989): Der Bezirk Frankfurt. Geographische Exkursionen. Geographische Bausteine. Neue Reihe, Heft 9.

KULICK, H. (2001): Spiel mit Steuergeldern. Wackelt Frankfurts neue Chipfabrik? Spiegel Online, 09.02.2001. http://www.spiegel.de

LOHSE, D. / LORNSEN-VEIT, B. / SONNEMANN, E. (1992): Fördermaßnahmen. In: KPMG DEUTSCHE TREUHAND GRUPPE (Hrsg.) (1992): Investitionen in den neuen Bundesländern. Fördermaßnahmen, Restrukturierungen, Unternehmenskauf. Düsseldorf. S.11-51.

MÄRKISCHE ODERZEITUNG (MOZ) (23.08.1990): Noch ist nicht längst aller Tage Abend. S.7.

MÄRKISCHE ODERZEITUNG (MOZ) (08.02.2001): Frankfurts zweite Chance. S.3.

MARSCHALL, W. (1992): Elektronik im Osten Deutschlands - Eine Branche im strukturellen Umbruch. In: HEIDENREICH, M. (Hrsg.) (1992): Kader, Krisen, Kombinate. Kontinuität und Wandel in ostdeutschen Betrieben. Berlin. S.109-122.

MEGAXESS GMBH DEUTSCHLAND (Hrsg.) (2000): Homepage. http://www.megaxess.de. Stand: 15.08.2000.

MÜLLER, C. (1999): Zielsetzungen, Aufbau und Bedeutung der Mikroelektronikindustrie für das planwirtschaftliche System der DDR – untersucht am Beispiel des VEB Mikroelektronik 'Karl Marx' Erfurt. Unveröffentlichte Diplomarbeit. Marburg. nur für Abb. 5

OTT, T. (1997): Zur Theorie der postsozialistischen Transformation in Ostdeutschland auf städtischer Ebene. In: Geographische Zeitschrift, Jg. 85, H. 4. S. 213-230.

POLLEI, H. (1993): Kombinat Mikroelektronik Erfurt. Jäher Aufstieg und Fall ins Bodenlose. In: WOCHENZEITSCHRIFT "DIE WIRTSCHAFT" (Hrsg.): Kombinate. Was aus ihnen geworden ist. Reportagen aus den neuen Ländern. München. S.317-331.

RAT DER STADT FRANKFURT/ODER (1957a): Protokoll der durchgeführten Beratung bezüglich Aufnahme der Halbleiterbauelementeproduktion in Frankfurt/Oder vom 15.11.1957. STADTARCHIV FRANKFURT/ODER: Akten zum VEB Halbleiterwerk Frankfurt/Oder, Nr. 2963.

RAT DER STADT FRANKFURT/ODER (1957b): Brief an das Ministerium für Arbeit und Berufsausbildung. STADTARCHIV FRANKFURT/ODER: Akten zum VEB Halbleiterwerk Frankfurt/Oder, Nr. 2963.

RAT DER STADT FRANKFURT/ODER (1958): Sitzungsprotokoll über die Vorarbeiten beim Aufbau des Halbleiterwerkes, 28.02.1958. STADTARCHIV FRANKFURT/ODER: Akten zum VEB Halbleiterwerk Frankfurt/Oder, Nr. 2963.

RAT DER STADT FRANKFURT/ODER (1968): Perspektivische Entwicklungskonzeption der Bezirksstadt Frankfurt/Oder bis 1970, Entwurf. BRANDENBURGISCHES LANDESHAUPTARCHIV POTSDAM: Akten zum Bezirk Frankfurt/Oder, Rep. 704, Nr. 302.

RAT DES BEZIRKES FRANKFURT/ODER (o.J.): Maßnahmen und Regelungen für die Entwicklung der strukturbestimmenden Produktionslinien in Frankfurt/Oder bis 1975, insbesondere zur Erreichung eines Optimums an übereinstimmender Entwicklung zwischen dem VEB Halbleiterwerk und der Stadt. BRANDENBURGISCHES LANDESHAUPTARCHIV POTSDAM: Akten zum Bezirk Frankfurt/Oder, Rep. 601, Nr. 7567.

REGIONALE PLANUNGSSTELLE BEESKOW (RPS) (Hrsg.) (1998): Regionalplan für die Region Oderland-Spree. Beeskow.

RÖHR, R. (1997): Die Geschichte des Einsatzes polnischer Arbeitskräfte im DDR-Bezirk Frankfurt/Oder 1966-1991. Eine Darstellung aus wirtschafts- und sozialhistorischer Sicht. Unveröffentlichte Dissertation. Frankfurt/Oder.

SCHÜLLER, A. / KRÜSSELBERG, H.-G. (Hrsg.) (1998): Grundbegriffe zur Ordnungstheorie und Politischen Ökonomik. Arbeitsberichte 7. Marburg.

SCHUMANN, H. (2001): Chipfabrik Frankfurt/Oder. Aufsichtsrat fliegt auseinander. Spiegel Online, 27.02.2001. http://www.spiegel.de.

SCHUMANN, H. / KULICK, H. (2001): Frankfurter Chipfabrik birgt Milliardenrisiko. Spiegel Online, 15.02.2001. http://www.spiegel.de

STADT FRANKFURT/ODER (Hrsg.) (1998): Wirtschaftskonzept der Stadt Frankfurt/Oder. Frankfurt/Oder.

STADT FRANKFURT/ODER (Hrsg.) (2000a): Zahlen, Daten, Fakten 2000. Frankfurt/Oder.

STADT FRANKFURT/ODER (Hrsg.) (2000b): Zehn Jahre kommunale Förderung der Wirtschaft. Report 2000 der Stadt Frankfurt/Oder. Frankfurt/Oder.

STADT FRANKFURT/ODER (Hrsg.) (2000c): Stadtkonzeption 2010. Frankfurt/Oder.

STADT FRANKFURT/ODER (Hrsg.) (2001): Wohnungsleerstandsbericht 2000.

STEYER, C.-D. (1999): "Ein Turbolader für Handy-Chips". In: Der Tagesspiegel 16911, 21.12.1999. http://www.ihp-ffo.de/about/tagessp.htm.

STRUBELT, W. et al. (1996): Städte und Regionen – räumliche Folgen des Transformationsprozesses. Opladen.

TARGIEL, R.-R. / BODSCH, A. / SCHMIDT, R. (1998): 100 Jahre Strom und Straßenbahn für Frankfurt/Oder.

TRIPPLER, H. (o.J.): Menschen, Maschinen, Mikroelektronik. Zur Geschichte des VEB Halbleiterwerk Frankfurt (Oder). Betriebschronik des Halbleiterwerkes Frankfurt/Oder, Teil 3. Die Zeit zwischen dem VIII. und X. Parteitag der SED 1971-1981. Frankfurt/Oder.

VALERIUS, G. (1998): Gleiche Chancen ungleich genutzt? Erwerbsbiographische Mobilitätspfade im ostdeutschen Transformationsprozess zwischen 1990 und 1996. Studie zum beruflichen Verbleib der Entwicklungsingenieure des Halbleiterwerkes Frankfurt (Oder). Frankfurt/Oder.

VDI NACHRICHTEN (16.02.2001): Chipfabrik in Frankfurt/Oder soll 1.500 neue Jobs schaffen. Nr. 7, S.1.

VEB HALBLEITERWERK (1969): Modell zur Leitung und Organisation des VEB Halbleiterwerk Frankfurt/Oder. BRANDENBURGISCHES LANDESHAUPTARCHIV POTSDAM: Akten zum Bezirk Frankfurt/Oder, Rep. 704, Nr. 107.

VOSKAMP, U. / WITTKE, V. (1991): Aus Modernisierungsblockaden werden Abwärtsspiralen – zur Reorganisation von Betrieben und Kombinaten der ehemaligen DDR. In: Berliner Journal für Soziologie 1. S. 17-39.

WIRTSCHAFTSRAT DER STADT FRANKFURT/ODER (1958): Die perspektivische Entwicklung der Halbleitertechnik und dem damit zusammenhängenden Neuaufbau eines Halbleiterwerkes in Frankfurt/Oder. Brief an die VVB Bauelemente und Vakuumtechnik vom 06.09.1958. BRANDENBURGISCHES LANDESHAUPTARCHIV POTSDAM: Akten zum Bezirk Frankfurt/Oder, Rep. 704, Nr. 066.

WÜPPER T. (2000): Mikroelektronik in Ostdeutschland – Jubel und Enttäuschung liegen dicht beisammen. In: Frankfurter Rundschau 100, 29.04.2000. S.9.

durchgeführte Interviews:

Gespräch mit Herrn Dr. MARTIN WILKE, Geschäftsführer der Technologiepark Ostbrandenburg GmbH, 20.01.2000 (zitiert als: Gespräch WILKE 2000).

Gespräch mit Herrn Dipl.-Ing. HANS MÖHR, Managing Director der SiMI Silicium Microelectronic Integration GmbH, 19.06.2000 (zitiert als: Gespräch MÖHR 2000).

Gespräch mit Herrn RICHTER, Institut für Halbleiterphysik Frankfurt/Oder, 22.06.2000 (zitiert als: Gespräch RICHTER 2000).

Gespräch mit Herrn Dipl.-Ing. UDO LANGE, Abteilungsleiter für Standortpolitik im Amt für Wirtschaftsförderung der Stadt Frankfurt/Oder, 29.01.2001 (zitiert als: Gespräch LANGE 2001).

Gespräch mit Herrn Dipl.-Ing. REINHARD TELSCHOW, Technologie- und Innovationsagentur Brandenburg GmbH (T.IN.A), Geschäftsstellenleiter Frankfurt/Oder, 01.2001 (zitiert als: Gespräch TELSCHOW 2001).

Gespräch mit Herrn Dipl.-Ing. JOACHIM KLITZKE, ehemaliger Entwicklungschef und Leiter des Qualitätswesens im VEB Halbleiterwerk Frankfurt/Oder, 31.01.2001 (zitiert als: Gespräch KLITZKE 2001).

Gespräch mit Frau Prof. Dr. ANNA SCHWARZ, Lehrstuhl für "Vergleichende Politische Soziologie" an der Europa-Universität "Viadrina" in Frankfurt/Oder, 01.02.2001 (zitiert als: Gespräch SCHWARZ 2001).

Gespräch mit Herrn Dipl.-Ing. MICHAEL GOEPEL, Geschäftsführer der Microelectronic Assembly Frankfurt/Oder GmbH (MAF), 05.02.2001 (zitiert als: Gespräch GOEPEL 2001).

Gespräch mit Herrn Dipl.-Geogr. NICOLAS RUGE, Stadtplanungsamt Frankfurt/Oder, 23.07.2001 (zitiert als: Gespräch RUGE 2001).

Auf- und Umbau des Technologieclusters Dresden – Pfadabhängiger Wandel in der Systemtransformation

Michael Plattner

Tabellen

Abbildungen

1 Einleitung

Die Beschäftigung mit dem Auf- und Umbau von Technologieclustern erlebte in den 1990er Jahren einen erneuten Höhepunkt. Nachdem in den 60er und 70er Jahren zahlreiche Studien zur sektoralen Ausprägung von Clustern entstanden (vgl. zusammenfassend CZAMANSKI/ABLAS 1979: 62), stellen die Regionalökonomen, Politologen und die Wirtschaftsgeographen (COOKE 1998, KRUMBEIN/HOCHMUTH 2000, PORTER 1990, REHFELD 1994) das Merkmal Raum in den Vordergrund ihrer Betrachtung. Aus dezidiert räumlicher Perspektive werden dabei jeweils verschiedene Elemente im globalen, nationalen und regionalen Kontext betrachtet. Die Entwicklung von Technologieclustern vollzieht sich in der Regel unter dem Einfluss sich langsam wandelnder sozio-ökonomischen Bedingungen. Im Rahmen des ostdeutschen Systembruchs haben sich allerdings rasche Veränderungen auf allen gesellschaftlichen Ebenen vollzogen. Innerhalb weniger Monate veränderten sich die Regeln der politischen Koordination und der wirtschaftlichen Organisation. Die Industriestandorte und ihre endogenen Potenziale wurden im Prozess der Privatisierung der Staatsunternehmen einer grundlegenden Revision unterzogen. Dies gilt in besonderen Maße für Dresden. Dort befand sich das Zentrum für Forschung und Technologie der Mikroelektronik Dresden (ZFTM). Es stand im Mittelpunkt des Produktions- und Innovationssystems der Halbleiterindustrie der DDR. Mit dem Systembruch und der Integration in die internationale Halbleiterindustrie nahm der Innovationsdruck zu, und die Suche nach neuen Produkten wurde zur treibenden Kraft der Erneuerung. Das Produktionssystem wandelte sich hinsichtlich des Güter- und Dienstleistungsangebots, der verwendeten Herstellungsprozesse und der Produktionsverflechtungen (vgl. Tab. 1). Im Zuge der Privatisierung gingen aus den Volkseigenen Betrieben rechtlich selbständige Unternehmen hervor. Bei deren Umprofilierung löste sich die Arbeitsteilung zwischen den Betrieben in Erfurt, Franfurt (Oder) und Dresden auf. Die angestammten Ostmärkte gingen verloren und die Betriebe waren nicht mehr konkurrenzfähig. Während in Erfurt und Frankfurt/Oder die Konzentration auf einzelne Produkt- und Herstellungsbereiche vollzogen wurde (vgl. CANDERS und NEIBERGER in diesem Heft), differenzierte sich in Dresden das Spektrum der Halbleiterprodukte und der Produktionsweisen wieder aus. Dabei integrierten sich junge Unternehmen in dreifacher Hinsicht:

- Aufbau und Einbindung in hierarchische Unternehmensnetzwerke;
- Kooperative Zusammenarbeit in strategischen Allianzen;
- Aufnahme marktlicher Austauschbeziehungen entlang der Wertschöpfungskette.

Die Kernfrage ist, weshalb trotz der Zäsur des Systembruchs und veränderter politisch-ökonomischer Rahmenbedingungen eine pfadabhängige Entwicklung zu beobachten ist. Einen Erklärungsansatz bietet die Transaktionskostentheorie. Aufgrund spezifischer Investitionen (*asset specificity*) sind Güter- und Diensleistungen hochspezialisiert und auf bestimmte Herstellungsprozesse ausgerichtet. Hierdurch lassen sich Vorteile realisieren und Produktionskostenersparnisse erzielen (WILLIAMSON 1990). Dies schlägt sich auch räumlich nieder. Die Nähe zwischen den Transaktionspartnern gerät zum Vorteil, je spezifischer der Leistungsaustausch und das Wissen der Akteure ist. Dabei wird angenommen, dass sich die Vorteile aus den physisch wahrnehmbaren standortspezifischen und anlagenspezifischen Investitionen in die betriebliche Infrastruktur ergeben und über den Systembruch hinweg erhalten bleiben. Die Investitionen in qualifizierte bzw. qualifizierbare Arbeitskräfte, d. h. in spezifisches Humankapital (vgl. GERLACH/LORENZ 1992: 171) führen zum Erhalt der relationalen Abhängigkeit zwischen den ehemaligen Transaktionspartnern.

Tab. 1: **Merkmale des ostdeutschen Produktionssystems vor und nach dem Systembruch von 1989**

Merkmale	bis 1989	nach 1989
Produkte	Unipolar in Erfurt Bipolar in Frankfurt (Oder) Pilotproduktion in Dresden	ASICs in Erfurt, Seebach, Frankfurt/Oder und Dresden DRAMs in Dresden, CPUs in Dresden Equipment in Jena, Dresden Siliziumsubstrat in Freiberg Schaltungsdesign in Seebach, Jena, Chemnitz, Dresden und Frankfurt/Oder
Prozesse	Serienfertigung in Erfurt und Frankfurt (Oder) Pilotproduktion und Einzelfertigung in Dresden	Großserienfertigung in Dresden Serienfertigung im Auftrag (*foundry*) in Erfurt, Neuhaus, Frankfurt/Oder und Dresden Anwendungsspezifische Serienfertigung in Erfurt, Seebach, Frankfurt/Oder und Dresden Kundenspezifische Einzelfertigung in Dresden
Verflechtungen	Überleitung neuer Technologie von Dresden zu den anderen Standorten Regionale Kooperation mit Hochschulen Zulieferer überwiegend in der Region	Internationalisierte Großunternehmen der CPU- und DRAM-Herstellung KMUs in inter-/nationale Produktionsketten eingebunden

Quelle: MÜLLER 1999, Eigene Erhebung 1999

Im regionalen Innovationssystem verfestigten sich die Koordinationsstrukturen zwischen den Akteuren in Unternehmen (Hierarchie), den Partnern strategischer Allianzen (Kooperationen) und den Zulieferern und Kunden des Güter- und Leistungsaustauschs (Markt). Um diese Annahmen zu prüfen, sind folgende Leitfragen zu beantworten: Welche politischen Entscheidungen und welche unternehmerischen Aktivitäten haben zu den Investitionen geführt, die Dresden zu einem Technologiecluster in der DDR heranwachsen ließen? Warum blieben vor 1989 gegründete Betriebe in struktureller Persistenz über den Systembruch hinweg erhalten, inwieweit wurden sie ergänzt? Wie spezifisch sind die Akteursnetze und wie haben sie sich gewandelt? Die Spezifität der Investitionen werden anhand des Auf- und Umbaus der Organisationsstrukturen im Rahmen der Typologie der Clusterevolution dargestellt (vgl. STORPER/WALKER 1989). Die Unterscheidung zwischen Sach- und Humankapitalinvestitionen werden getroffen, um Aussagen darüber zu gewinnen, inwieweit sich die materielle und personelle Ausstattung des Technologieclusters[41] auf die sektorale Kontinuität und die räumliche Konzentration auswirken. Im Rahmen des Übergangs von einer wirtschaftspolitischen Verfassung zu einer anderen gilt es die Zeiträume vor und nach 1989 getrennt zu betrachten. Ziel ist es allerdings, die systembruchübergreifenden Elemente der Persistenz herauszuarbeiten.

2 Pfadabhängiger Wandel in der Systemtransformation

Im Rahmen der Diskussion um die technologische Pfadabhängigkeit steht der technische Fortschritt – in Anlehnung an das endogene Modell der technologischen Entwicklung – gleichberechtigt neben Arbeit und Kapital als entscheidender Faktor des wirtschaftlichen Wachstums. Infolge der Übernahme westdeutscher Organisationsstrukturen entstand ein Innovationssystem[42] mit spezifischen regionalen Ausstattungsmerkmalen (vgl. Tab. 2). An die Stelle planwirtschaftlicher Neuerungsanreize trat der marktwirtschaftliche Wettbewerb. Die VEBs der Halbleiterindustrie wurden umgegründet oder zerschlagen. Es siedelten sich die international tätigen Mehrbetriebsunternehmen Infineon und AMD als Niederlassungen an. Jointventure-Unternehmen wurden gegründet und bestehende FuE-Einrichtungen umbenannt sowie neu positioniert. Im Zuge der Pluralisierung wirtschaftlicher und gesellschaftlicher Interessen wurden spezifische Vereine und Verbände gegründet (vgl. Tab. 2). Sie wirkten in Ergänzung zu den politischen Förderinstrumenten und nahmen eine vermittelnde Position im Innovationssystem ein. Beim Aufbau der föderalen Verwaltungsstrukturen fanden ehemalige Beschäftigte der Halbleiterindustrie in Behörden verschiedener administrativer Ebenen eine Anstellung.

Jene Merkmale, die bei einer regionalwissenschaftlichen Betrachtung von Relevanz sind, wirken räumlich und betrieblich zentriert (vgl. Tab. 3). Neue Wahlfreiheiten ergeben sich durch den Aufbau des planwirtschaftlichen Systems in den 1950er Jahren und dessen Umbau in der Systemtransformation der 1990er Jahre. Die Lokalisierung eröffnete dabei jeweils andere Möglichkeiten der Inwertsetzung von überbetrieblichen Verflechtungen. Das nationale Produktions- und

---

[41] Überdurchschnittlicher Standortbesatz an Betrieben und Beschäftigten in Hightech-Branchen (STERNBERG 1995).

[42] „die privaten Unternehmen und die darin tätigen Personen, [...] dabei macht insbesondere das Zusammenspiel dieser Elemente, die Art und Weise ihrer Vernetzung einen wesentlichen Teil des Innovationssystems aus und trägt wesentlich zu seiner Funktionsweise bei" (FRITSCH 1998: 3)

Tab. 2: **Institutionelle Dichte im regionalen Innovationssystem des Technologieclusters Dresden**

Merkmale	bis 1989	nach 1989
Unternehmen	ZMFT mit Elektromat und Hochvakuum Dresden	Niederlassung ausländischer Mehrbetriebsunternehmen: AMD, AMI, Niederlassung inländischer Mehrbetriebsunternehmen: Siemens/Infineon, Süss, Wacker, Einbetriebsunternehmen: ZMD, Ortner, DAS
Kooperationen	Kombinat Mikroelektronik Erfurt, Anwenderkombinat Robotron Dresden, Kombinat VEB Carl Zeiss Jena	Jointventure Semicon300 (Infineon-Motorola), Umschulung und Personalausbildung, ZMD scheidet aus der PTC-electronic-AG aus
Zusammenarbeit mit regionalen Forschungseinrichtungen	Ingenieurhochschule Dresden TU Dresden Institut für Halbleiter und Mikrosystemtechnik Institut für Elektroniktechnologie Institut für Festkörperelektronik AdW Zentralinstitut für Festkörperphysik und Materialforschung Dresden AdW Zentralinstitut für Kybernetik und Informationsprozesse Dresden AdW Zentralinstitut Kernforschung Rossendorf bei Dresden Manfred von Ardenne Institut	TU Dresden Festkörper- und Werkstoffforschung (Hermann-Helmhozstiftung) MPI der Physik komplexer Systeme Forschungszentrum Rossendorf bei Dresden (Hermann-Helmholzstiftung) Institut für Halbleiter und Mikrosystemtechnik Institut für Elektroniktechnologie Institut für Nachrichtentechnik Festkörper- und Werkstoffforschung (Hermann-Helmholzstiftung) Micro Chip Design Akademie
Vereine und Verbände	Mikroelektronik Arbeitskreis	Silicon Saxony, CDU-Arbeitskreis, Wissens- und Technologietransfer der TU Dresden, ZVEI
Politik	Leitungs-, Planungs- und Kontrolleinrichtungen	Wirtschaftsförderung, Technologiepolitik

Quelle: Eigene Darstellung

Tab. 3: **Merkmale pfadabhängigen Wandels in der Systemtransformation**

Clusterevolution	Lokalisierung *Neue Wahlfreiheit*	Clusterung *Ballung*	Expansion *Aktivitätsausweitung*
Interne Ersparnisse	Gestaltungsfreiheit wegen Neuordnung und Umbau von Organisationsstrukturen	Ressourcen tragen zur Bildung des regionalen Innovationssystems bei. Wissensgenerierung und Wissenstransfer führen zur Bildung und Nutzung von Forschungseinrichtungen	Aufbau von Produktionskapazität, Gewinnung neuer Märkte und Herausforderungen des internationalen Wettbewerbs durch Nutzbarmachung von Ressourcen
Externe Ersparnisse	Neue Möglichkeiten der Inwertsetzung der überbetrieblichen Verflechtungen; geringe Transaktionskosten und hohe Faktormobilität	Betriebe entwickeln aus den bestehenden Clustern heraus einen globalen Fokus durch Bildung eines 'glokalen' Netzes von Produktions- und Innovationsketten	Sinkende Transaktionskosten und steigende Faktormobilität äußern sich in Globalisierungseffekten. Global Player und deren Zulieferer siedeln sich an
Innovationsfähigkeit	Motivation, Neuerungsdruck, Freiheit zur Selbstverwirklichung fördern Ideen zur Problemlösung. Technologische Erfahrung hilft bei der Auswahl und Umsetzung. Über Jahrzehnte gewachsenes Vertrauen zwischen den Akteuren reduziert Risiko bzw. erhöht die Risikobereitschaft	Aufbau von Kontakten zu FuE-Einrichtungen und Wertschöpfungssegmenten. Ergänzende Branchen, d. h. Maschinen- und Anlagenbauer, Dienstleister, Ver- und Entsorger siedeln sich an. Öffentliche Förderung durch wirtschaftspolitische Instrumente	Reorganisation zur Erhaltung der Innovationsfähigkeit. Ausbau der Kontakte auf der Suche nach kompetenten Partnern vor allem in den weltweiten „Center of Excellence"; Markteinführung neuer Produkte

Quelle: Eigene Darstellung in Anlehnung an STORPER/WALKER 1989

Innovationssystem wird internationalisiert und in ein glokales Netz von Produktions- und Innovationsketten eingebunden. Dieser Prozess der Clusterung dokumentiert sich im Aufbau von Kontakten zu FuE-Einrichtungen und Wertschöpfungssegmenten. Die Expansion des Technologieclusters manifestiert sich dabei im Ausbau der Produktionskapazitäten und der zunehmenden institutionellen Dichte. Auf der Mikroebene der Betriebe äußert sich dies in der Realisierung interner und externer Ersparnisse sowie dem Aufbau, dem Erhalt und der Steigerung der Innovationsfähigkeit. Inwieweit diese Merkmale den pfadabhängigen Wandel charakterisieren, wird untersucht.

2.1 Politische Gestaltungsfreiheit im Prozess der Lokalisierung

Im Zuge von Neuordnung und Umbau der Organisationsstrukturen herrschte große Gestaltungsfreiheit. Mit der Integration in den globalen Halbleitermarkt sanken die Transaktionskosten und die Faktormobilität nahm zu. Die Motivation des Neuanfangs und die neugewonnene Freiheit nutzten Entrepreneure zur Selbstverwirklichung. Bei der Unternehmensgründung halfen die technologischen Erfahrungen und die hohe Risikobereitschaft in der Phase des Übergangs. Die notwendige Wahlfreiheit für Investitionen wurde durch die politischen und rechtlichen Rahmenbedingungen vor und nach dem Systembruch in unterschiedlicher Weise eingeschränkt. Die folgende These lautet daher:

> Die Ausrichtung der Wirtschaftspolitik auf die sich global durchsetzende Schlüsseltechnologie Mikroelektronik machte die DDR zu einem Teil des globalen Innovationssystems. Das nationale Produktionssystem begab sich damit in den Einflussbereich externer Produkt- und Prozessentwicklungen. Da der Nicht-Sozialistische-Wirtschaftsraum (NSW) keinen freien Informationsfluss mit den RGW-Staaten zuließ, erhielten nur wenige Betriebe bzw. einzelne Abteilungen einen (illegalen) Wissenszugang, Das übrige Produktionssystem partizipierte daran nur mit Zeitverzögerung. Nach dem Systembruch fanden die Betriebe mit Schnittstellenfunktion, d. h. dort wo aktuelles technologisches Wissen verarbeitet und weitergeleitet wurde, wieder schnell Anschluss an neue Partner der internationalen Produktionskette, da der Neuerungsdruck ein hohes Maß an Innovationsfähigkeit erforderte.

Um die Basis einer innovationsfähigen Industrie zu schaffen, wurden mit den übergeordneten politischen Zielen und Instrumenten Maßnahmen zur Erzeugung interner und externer Ersparnisse ergriffen. Welche politischen Entscheidungen und welche unternehmerischen Aktivitäten haben zu den Investitionen geführt, die Dresden zu einem Technologiecluster in der DDR heranwachsen ließen?

Hauptmotiv für die Gründung von Betrieben der Halbleiterindustrie waren die politischen Erwägungen zur Gestaltung einer dynamischen DDR-Volkswirtschaft (WATERKAMP 1983: 165ff.). Hierzu waren erstens die politischen Instrumente zu benennen. Zweitens war es notwendig, dass Spezialisten die globalen Technologietrends verfolgten, beherrschten und ihr Wissen anwendeten, um sich mit dem ideologischen Gegner zu messen. Drittens waren die wirtschafts-räumlichen Verhältnisse für die konkrete Standortwahl zu prüfen und eine Entscheidung über die Investitionsziele zu treffen. Dafür waren viertens die internationalen Märkte zu beobachten. Sie stellten die Grundlage für die Akquiese von Investitionen nach dem Systembruch dar. Außerdem waren Zugänge zum internationalen Technologietransfer erforderlich, weshalb Kontakte zu neu-en Zulieferern und Kunden gesucht wurden.

Die politischen Instrumente der Wirtschaftsplanung wurden vom Ministerium für Elektro-technik und Elektronik (MEE) hinsichtlich des Aufbaus der Mikroelektronik ausdifferenziert (vgl. BA Berlin DG 10/92, DG 10/105). Sie waren Ausdruck des politischen Willens der DDR-Machthaber. Hierdurch sollte die technologische Unabhängigkeit gegenüber dem Nicht-Sozialistischen-Wirtschaftsraum (NSW) demonstriert werden. Mit Hilfe der sektoralen und räumlichen Schwerpunktbildung hoffte man die Ziele im VEB Kombinat Mikroelektronik Erfurt (KME) zu erreichen. Die Forschung wurde zur Optimierung der 'territorialen Reproduktionsbe-dingungen' räumlich konzentriert (vgl. BA Berlin DG 10/418: 3f.). Die wirtschaftliche Planung spiegelte die Leitungs- und Organisationsstruktur des Staates wider, dessen Instanzen einerseits nach dem zentralgeleiteten Branchenprinzip und andererseits dem standörtlich geleiteten Territo-rialprinzip organisiert waren (vgl. AUTORENKOLLEKTIV 1983: 1; GUTMANN 1993: 5). Dabei „besteht die Grundrichtung der Weiterentwicklung der Standortverteilung der Industrie in der DDR in den 80er Jahren in der Rationalisierung des vorhandenen Standortgefüges bei dessen punktueller Ergänzung entsprechend den volkswirtschaftlichen Entwicklungslinien" (BA Berlin DE 1/53437: 2).

Zur Entwicklung der Elektroindustrie wurde ein Faktenrecherchesystem aufgebaut, das sich aus fünf Untergruppen zusammensetzte und an zweiter Stelle, nach der Erschließung von wis-senschaftlich–technischen Erkenntnissen die Optimierung der 'territorialen Reproduktion' nannte (STA Gotha Ermic GmbH Nr. 1172: 136). Obwohl die Verfügungsrechte vom Politbüro zum Zentralkomitee (ZK), dem Ministerrat, der Staatlichen Plankommission (SPK) und den Ministe-rien hierarchisch weitergereicht wurden, oblag es den betriebsnahen Einrichtungen der Bezirks-räte, der Bezirksplankommission, der Räte der Kreise, Städte und Gemeinden die politischen Ziele in konkrete Planvorgaben umzusetzen. Die Steuerung der Ressourcennutzung fanden im wesentlichen am jeweiligen Betriebsstandort statt. Der dirigistisch anmutende Planungsprozess stellt sich näher besehen als vielfach rückgekoppelter Vorgang der Abstimmung heraus. Plankor-rekturen konnten fortlaufend eingereicht und diskutiert werden. Dabei wurden auch die Abwei-chungen vom Plansoll im Vergleich zur internationalen Preisentwicklung dokumentiert (STA Gotha Ermic GmbH Nr. 801: 113). Die betrieblichen Formalziele waren somit ein Verhandlungsergebnis zwischen politischen und betrieblichen Interessen. Auslöser für die erweiterten Aktivitäten zur Nutzung externer Ersparnisse war der 'Mikroelektronikbeschluss' auf der 6. Tagung des ZK im Juni 1977 (POLLEI 1993: 319; STA Gotha Ermic GmbH Nr. 1172: 125ff.).

Zum Aufbau einer eigenständigen Halbleiterindustrie wurden Spezialisten, d. h. Physiker engagiert, die globale Technologietrends aufzugreifen wussten und in die Produktion überführen konnten. Unter den Kriegsbedingten Rückkehrern aus der Sowjetunion befanden sich linientreue Ingenieure, die ihre Qualifikation in Technologieprojekten erhalten hatten. Der Physiker M. Falter übernahm 1954 die Leitung der DDR-Halbleitertechnik. Er war verantwortlich für die Entwicklung und Produktion von Dioden und Transistoren im Werk für Bauelemente und Nachrichtentechnik 'Carl von Ossietzky' Teltow (COT). Im Jahr 1957 übernahm er als Honorarprofessor zusätzlich den Aufbau eines Lehrstuhls an der Technischen Hochschule Dresden. Die Fakultät Elektrotechnik avancierte in der Folge zur maßgeblichen Ausbildungsstätte für Ingenieure des Schaltungsentwurfs mikroelektronischer Bauelemente (WENZEL 1989: 56ff.). Auf Beschluss des Volkswirtschaftsrates 1958, wurde das erste Halbleiterwerk in Frankfurt/Oder errichtet. Die Technologieführerschaft übernahm das 1960 von Falter gegründete Institut für Halbleitertechnik in Teltow (IHT). Von dort und unter Entsendung eines Außenteams wurden die Arbeiten in Frankfurt/Oder koordiniert. Parallel hierzu begann 1961 unter Leitung des Physikprofessors und Leiters des VEB Vakutronik Dresden W. Hartmann mit dem Aufbau der Arbeitsstelle für Molekularelektronik (AME). Die Aufgabe der beiden Schlüsselpersonen bestand darin, Zahl und Qualität der Halbleiterproduktion zu steigern und sich den internationalen Standards anzunähern bzw. sie zu überflügeln (BECKER 1990). Mit der Auswahl der beiden Personen wurden die Forschungseinrichtungen aufgewertet und gleichzeitig Investitionen an bestimmte Standorte gelenkt.

In Dresden stand eine große Anzahl von Facharbeitern zur Verfügung, die ein breites Spektrum an Fähigkeiten aufwies (KOWALKE 1998: 411ff.). Hier konzentrierte sich die angewandte Forschung und Ingenieurausbildung auf den Schaltungsentwurf, in Freiberg auf die Rohstoffgewinnung/-verarbeitung und in Karl-Marx-Stadt auf die Technologien zur Waferbearbeitung. Ingenieure und Wissenschaftler wurden für die schnell wachsenden VEBs der Halbleiterindustrie ausgebildet. Davon profitierte vor allem die 1961 in Dresden mit acht Mitarbeitern gegründete Arbeitsstelle für Molekularelektronik (AME) (vgl. Abb. 1). Sie bildete das Bindeglied zwischen Hochschulforschung und angewandter Industrieforschung/-entwicklung von Halbleitertechnologien, Schaltungsentwürfen und Spezialausrüstungen.

Mit diesem Profil nahm das AME für die Folgezeit eine zentrale Stellung im Produktions- und Innovationssystem ein. Insgesamt sprachen für die Wahl Dresdens als Halbleiterstandort die Agglomerations- bzw. Fühlungsvorteile: Der Leiter des neuen Forschungszentrums kam aus einem Dresdner Betrieb und die neuen Mitarbeiter rekrutierten sich aus den an der Hochschule ausgebildeten Ingenieuren. Die Forschungs- und Ausbildungseinrichtungen wurden ausgebaut. Im Rahmen der zweiten Kombinatsgründungswelle wurde die Kompetenzkonzentration durch die Zuordnung des VEB Elektromat Dresden (Technische Spezialausrüstung) noch erhöht. Der neue Name lautete seit 1980 VEB Zentrum für Forschung und Technologie der Mikroelektronik Dresden (ZFTM). Eine intensive personelle Zusammenarbeit zwischen Hochschule und angewandter Forschung entwickelte sich in Dresden.

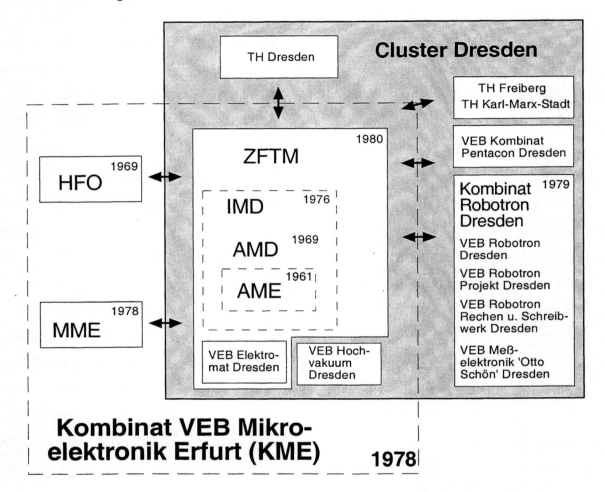

AMD Arbeitsstelle für Molekularelektronik Dresden   IMD   Institut für Mikroelektronik Dresden
AME Arbeitsstelle für Molekularelektronik Dresden   MME VEB Mikroelektronik 'Karl Marx' Erfurt
HFO Halbleiterwerk Frankfurt/Oder   ZFTM VEB Zentrum für Forschung und
                                                            Technologie Mikroelektronik Dresden

Abb. 1: Produktions- und Innovationssystem im Cluster Dresden
       Quelle: eigene Darstellung

Die Förderung der Mikroelektronik in den volkswirtschaftlichen Jahrplänen wurde auf Kosten anderer Wirtschaftszweige durch die technologiepolitische Rahmengesetzgebung abgesichert (vgl. JACOBY 1997). Das AME vergrößerte sich im Zeitraum 1961 bis 1970 von 8 auf 600 Beschäftigte und der Standort avancierte zum Zentrum der Halbleiterforschung für Schaltung und Spezialmaschinen.

Die Zahl der Beschäftigten wuchs bis 1983 um mehr als das 11-fache auf 7094 an (STA Gotha Ermic GmbH Nr. 1323: 111ff.). Der Tätigkeitsschwerpunkt lag in der Überleitung von Prozesswissen in die Produktion. Die standörtliche Kompetenz sollte sich auch im Namen widerspiegeln, so dass der Betrieb 1969 zur Arbeitsstelle für Molekularelektronik Dresden (AMD) und 1976 zum Institut für Mikroelektronik Dresden (IMD) umbenannt wurde (BECKER 1999).

Erste Labormuster von integrierten Schaltkreisen wurden 1967 hergestellt, d. h. neun Jahre nach den baugleichen Modellen von Texas Instruments und Fairchild Semiconductors im Silicon Valley. Zwei Jahre später wurde erst das Verfahren zur Herstellung in das Halbleiterwerk in Frankfurt/Oder übergeleitet (BECKER 1990). Damit war klar, dass diese Produktion nur die nationale Nachfrage bedienen und Importe für die Hauptanwenderkombinate VEB Rundfunk und Fernsehen Berlin sowie dem VEB Kombinat Robotron Dresden (Büro-, DV- und Konsumelektronik) substituieren konnte.

Zur Beobachtung der internationalen Märkte wurden im Auftrag des ZK kontinuierliche Weltstandsvergleiche durchgeführt. Dabei stellte man 1976 den Ausbau der führenden Position von US-amerikanischen und japanischen Firmen fest (BA Berlin DG 10/1118: 4f.) und für Mikroprozessoren wurde ein Rückstand von 6-7 Jahre errechnet (MÜLLER 1989: 11). Um dennoch einen Fortschritt zu demonstrieren, griffen die Ingenieure adaptierbare Trends auf. Hierzu war es notwendig, ausgewählte Investitionsgüter zu beschaffen, deren Importbedarf in den 5-Jahrplänen beziffert wurde (STA Gotha Ermic GmbH Nr. 758: 251). Die Analyse der beschafften Fremdmuster war Ausgangspunkt für die Umsetzung in eigene Produktgruppen, die anschließend einer inkrementellen Verbesserung und Weiterentwicklung unterlagen (MARTIN 1999).

Abweichungen vom Plan, lange Anlaufzeiten und nicht sortimentgerechte Produktion wurden kritisch bewertet und in den Folgeplanungen berücksichtigt (STA Gotha Ermic GmbH Nr. 967 I). Bauteile, Komponenten und Anlagen, die nicht selbst hergestellt werden konnten, besorgte der Außenhandelsbetrieb in Berlin (RONNEBERGER 1999: 132ff.). Um die Fremdmusteranalysen durchzuführen und die Anlagen in die Produktionsprozesse zu integrieren, war der enge Kontakt auf der Zuliefererseite zu den Waferherstellern in Freiberg und der dortigen Technischen Hochschule notwendig. Eine weitere Form der Adaption fremder Technologien bestand in der Nutzung von Patenten. Enge Kontakte zur japanischen Toshiba waren die Grundlage für Lizenzvereinbarungen, die den Personalaustausch zwischen den beteiligten Betrieben einschloss (POHL 1998). Mit der planwirtschaftlichen Koordination und der partiellen Einbindung in das internationale Innovationssystem wurde das Entwicklungsrisiko reduziert. Über 85 % der Investitionen und des Aufwandes für Wissenschaft und Technik wurden für die Erweiterung der Produktion aktiver elektronischer Bauelemente aufgewendet (BA PTC-AG 1537.009.01.01). Genau für diese Erzeugnisgruppe und deren Vorprodukte wurde die höchste Exportrentabilität erzielt (vgl. Tab. 4). Quantitäts- und Qualitätsrückstände sorgten allerdings dafür, dass 1989 keine Bauelemente exportiert, sondern für 35 Mio. Valutamark importiert werden mussten. Devisen gingen nicht nur verloren, sie mussten sogar anderweitig erwirtschaftet werden.

Diese Form der Organisation veränderte sich mit dem Systembruch grundlegend. ZMD versuchte mit der Gründung einer Tochtergesellschaft im Silicon Valley, einen eigenständigen internationalen Vertrieb aufzubauen. Zu diesen Bemühungen zählten auch Vereinbarungen mit MAZet in Erfurt/Jena, GEMAC in Chemnitz und der Neuroth Elektronik in Wien. Alle drei sind Design-Häuser, die sich mit Schaltungsentwürfen beschäftigen. Sie verfügten über die Kundennähe, um die spezifischen Marktbedürfnisse zu erkennen. Die selbständige Internationalisierung scheiterte allerdings. Die Überseegeschäfte reichten nicht aus, um die Umsätze zu steigern. Noch im Gründungsjahr halbierte sich die Belegschaft auf 565 Arbeitnehmer (1993) und reduzierte sich um weitere 50 Prozent auf 253 (1998; Erhebung 1999). Der Alleingang endete am 1.1.1999, als der Automobilzulieferer Sachsenring Automobiltechnik AG (SAG) die Leitung übernahm. Er wirkte auf die Veränderung des Produktionsprogramms in Richtung Automobilelektronik ein. Die Kunden der SAG sollen auch die Kunden von ZMD werden (ZMD PRESSE-

Tab. 4: Leistungen aus dem KME mit hoher Exportrentabilität (> 1) in das Nicht-Sozialistische-Wirtschaftsgebiet (NSW) zum 20.04.1989

Leistung	NSW	Sozialist. Wirtschaftsgebiet
Immaterielle Leistungen (Frankfurt/Oder)	3,512	3,337
Röntgenröhren (Rudolstadt)	1,959	1,629
Glasdurchführungen (Ilmenau)	1,882	1,056
Elektroisoliermaterial (Zehdenick)	1,570	0,825
Schachuhren (Ruhla)	1,545	2,191
Technische Spezialausrüstung (Ruhla)	1,438	1,113
Elektroinstallationsmaterial (Zehdenick)	1,186	-
Chips (Frankfurt/Oder)	1,088	2,170

Quelle: BA PTC-AG 1537.005.01.01

MITTEILUNGEN 8, *Martin 1999*). Allerdings passten die Geschäftsfelder nicht im erwarteten Maße zueinander, so dass diese organisationelle Verbindung wieder aufgelöst wurde. Im Verbund mit anderen wird ZMD im Januar 2001 Teil der Global ASIC Investorengemeinschaft.

Das Cluster Dresden umfasst auch die Betriebe des VEB Spurenmetalle im nur 40 km entfernten Freiberg. Aus ihnen ging zunächst die umgegründete Freiberger Elektronikwerkstoffe

GmbH hervor, die ebenfalls im Besitz der Treuhand und zum Unternehmensbestand der PTC-AG gehörte. Nachdem die Umgründung liquidiert wurde, gründete sich im Mai 1995 die FCM GmbH und übernimmt die GaAs-Produktionskapazitäten des ehemaligen Werkes. GaAs ist Ausgangsmaterial der Chips, die im Nachrichtenwesen Verwendung finden. In der Hoffnung auf den später tatsächlich eingetretenen Handy-Boom beteiligten sich Federmann/Israel mit 87,5 % und Siemens/Infineon mit 12,5 % am Unternehmen. Für die anderen Produktbereiche fanden sich die beiden westdeutschen Investoren Bayer (8/1994) und Wacker (10/1995) ein. Bayer suchte nach Kapazitäten, um seine Solarsilizium-Aktivitäten auszubauen und Wacker konnte die Silizium-Produktionskapazitäten auf dem weiterhin wachsenden Gesamtmarkt für Halbleiterprodukte erhöhen. So entstanden drei Unternehmen, welche die Verarbeitung von Silizium-Substraten unter Nutzung des vor der Wende gebildeten Know-hows weiterführten. Funktionale Verflechtungen in der Region blieben allerdings aus. Nur Siemens beteiligte sich durch eine finanzielle Kapitaleinlage, um am Wissen der Firma für die eigene Handy-Produktion in Bayern zu partizipieren. Wacker Siltronic erhält direkte Order aus dem westdeutschen Stammwerk und muss nur für die korrekte Umsetzung der Neuerungen Sorge tragen. Bayer Solar agiert überwiegend eigenständig und nutzt die Verbindungen der Muttergesellschaft, um den gerade entstehenden Solarmarkt zu bedienen.

Bei der Ansiedlung der Großunternehmen Infineon und Advanced Micro Devices (AMD) war die Verfügbarkeit von freien, bebaubaren Flächen in der Nähe des Flughafens von Bedeutung. Die Errichtung von Reinraumanlagen für mehrere Tausend Beschäftigte konnte im Falle von Infineon durch die Umnutzung eines ehemaligen Kasernengeländes in Dresden-Klotsche gefunden werden. Für AMD wurden gänzlich neue Gewerbeflächen westlich des Flughafens im Norden der Stadt erschlossen. Von größerer Bedeutung waren die verfügbaren qualifizierten und qualifizierbaren Arbeitskräfte. Teilweise wurden sie aus den umgegründeten VEBs überführt. Teilweise konnten junge, an den Hochschulen in Dresden, Freiberg, Chemnitz und Cottbus ausgebildete Ingenieure eingestellt werden. In beiden Ansiedlungsfällen gab es vom Arbeitsamt der Stadt Qualifikationsprogramme, die am Standort und in anderen Werken der Mutterunternehmen in München oder Übersee (Sunny Vale, USA) durchgeführt wurden (FIEDLER/FINGER 1997).

Die Spezifität bezüglich der verfügbaren Arbeitskräfte war sehr groß. Darüber hinaus war der Faktor Kapital, d. h. die Bereitschaft der Behörden von Stadt und Land, sich finanziell zu beteiligen (Bürgschaften, Darlehen usw.) von größter Bedeutung. Dass sich auch die Umsetzung der Bauplanungen beschleunigen ließ, ist auf die technologische Sensibilität der Behörden und ihrer Angestellten zurückzuführen. Die Wirtschaftsförderung Dresden/Sachsen und vor allem die Staatskanzlei des Freistaates Sachsen richtete unterstützende Stäbe ein, deren Leitung durch ihren Ausbildungsweg technologieorientiert war. Man 'sprach die gleiche Sprache' bei den anstehenden Verhandlungen, was die Lösung der Probleme vereinfachte (FIEDLER/FINGER 1997). Mit der hohen Faktorspezifität in Dresden war ein Anreiz für die Investitionsvorhaben verbunden. Darüber hinaus stand den Investoren eine zentrale Anlaufstelle in der Staatskanzlei zur Verfügung, von der aus anfallende Probleme gelöst wurden.

2.2 Prozesse der Clusterung im glokalen Netz von Produktions- und Innovationsketten

Den Prozessen der Clusterung liegen jene Ressourcen zu Grunde, die zur Bildung des Innovationssystems beitragen, d. h. regionale Wissensgenerierung und Wissenstransfer müssen möglich sein. Sie münden in die Nutzung von Forschungseinrichtungen, und die Betriebe entwickeln aus den bestehenden Clustern heraus ein 'glokales' Netzes von Produktions- und Innovationsketten. Dabei organisieren sich die Wertschöpfungssegmente aus sich ergänzenden Branchen, d. h. Maschinen- und Anlagenbauer, Dienstleister, Ver- und Entsorger. Je nach Spezifität des Leistungsaustauschs siedeln sich auch einzelne Segmente neu an. Die Internationalisierung der DDR-Halbleiterindustrie fand ihren Ausgang in der Intensivierung der Kooperation mit der UdSSR. Hierfür wurde das Abkommen über die Zusammenarbeit auf dem Gebiet der Mikroelektronik (1977) und das Programm der Spezialisierung und Kooperation (1979) geschlossen (FRAAS 1985: 50; KRAKAT 1986: 140). Parallel zum Ausbau notwendiger Infrastruktur weitete sich die Kooperationssuche auf die anderen RGW Staaten zu Anfang der 1980er Jahre aus (MÜLLER 1999: 84). Investitionen flossen in die vorhandenen Werke, so dass sich die Halbleiteraktivitäten in Dresden verstärkten und clusterbildend auswirkten.

Als Faktoren der Clusterung wurden die ressourcenbildenden Effekte der Investitionstätigkeit sowie die Formen interner und externer Ersparnisse genannt. Das Produktionsprogramm, die Produktionsprozesse und die Produktionsverflechtungen differenzierten sich aus, so dass Dresden mit seiner ökonomisch verwertbaren Wissensausstattung zu den bevorzugten Räumen gehörte. Drei internationale Verflechtungen waren bedeutsam:

- RGW-Technologieprogramm (arbeitsteilige Mikroelektronik-Entwicklungen zur Ressourcenentwicklung und Kostensenkung[43]);
- Kunden in Skandinavien (Abnehmer von Standard-Ics höchster Zuverlässigkeit aber älterer Bauart);

---

[43] Die ehrgeizigen Ziele wurden aber nie erreicht. Es wurden zwar notwendige Ressourcen geschaffen, doch gelang es von Beginn an nicht, sich dem Weltstand anzunähern (BARKLEIT 2000).

- Technologietransfer und Personalqualifikation mit Toshiba (Kooperationspartner und Lizenzgeber bis 1984/85, Beendigung erfolgte auf Druck der USA[44]).

Politik und industrieller Aufbau gingen Hand in Hand. In Ostdeutschland war die Halbleiterindustrie bis 1989 national integriert und bis auf die genannten Ausnahmen von der internationalen Arbeitsteilung und den globalen Märkten ausgeschlossen. Das nationale Produktionssystem der DDR-Hableiterindustrie war zwar durch ihre internationalen Mikroelektronik-Projekte in den RGW eingebunden, doch war der Zugang zum weltweiten technologischem Wissen begrenzt und behinderte die freie Entfaltung der vorhandenen ingenieurtechnischen Kompetenzen entscheidend (DIETZ 1998, POHL 1998).

Aus den Anforderungen der genannten Anwender ergaben sich die vertikalen Verflechtungen mit den Zulieferern und die horizontalen Beziehungen mit Forschungseinrichtungen und Spezialausrüstern. Dies beinhaltete auch die Beziehungen zu den Partnern im RGW und NSW. Hieraus lässt sich die Schlüsselstellung des Dresdner Betriebs ZFTM erkennen (vgl. Abb. 2).

Ein enges Verhältnis bestand zur Forschung in der UdSSR. Das dortige Atomprogramm ließ Investitionsmittel in den Maschinenbau fließen, die der Herstellung qualitativ hochwertiger Plasma- und Ionenanlagen zugute kamen. Weitere Anlagen wurden in Zusammenarbeit mit den Maschinenbau VEBs in Dresden hergestellt. Enge persönliche Arbeitsbeziehungen der involvierten Mitarbeiter kennzeichnete die Kooperationen vor Ort (MARTIN 1999). Darin eingebunden waren die Hochschulen mit ihren jeweiligen Fachgebieten. Die THs in Dresden und Karl-Marx-Stadt und das IHP in Frankfurt/Oder waren horizontal mit dem ZFTM verknüpft. Die TH in Ilmenau hatte den Fokus im Bereich Produktionsprozess und kooperierte vorrangig mit den Produktionsbetrieben in Erfurt und Frankfurt/Oder. Die TH Freiberg hatte den Schwerpunkt Materialforschung und war dem ZFTM nachgelagert. Vorgelagerte Beziehungen im vertikalen Güteraustausch bestanden vor allem zu den Betrieben des Kombinats Robotron Dresden und dem VEB Rundfunk und Fernsehen Berlin.

Durch den globalen Rüstungswettlauf war der Einsatz modernster Technologie erforderlich. Die Erkenntnis, dass die Organisation im Kombinatsverbund mit dem Erfurter Stammbetrieb hierfür nicht mehr geeignet war, führte in Dresden zur Trennung von Schaltungsentwurf/Verfahrentechnologie vom Bereich Sondermaschinenbau (1985). Es wurden die zwei Betriebsteile 'Mikroelektronik' und 'Ausrüstung' gebildet. Zum neuen strategischen Partner des Be-

---

[44] Sie verloren ihren Effizienzvorsprung bei der Halbleiterproduktion an Japan und drängten diese, die RGW-Aktivitäten von Toshiba zu beenden (KLENKE 2001). Etwa zur gleichen Zeit setzt die Neuorganisation des Kombinats Mikroelektronik ein.

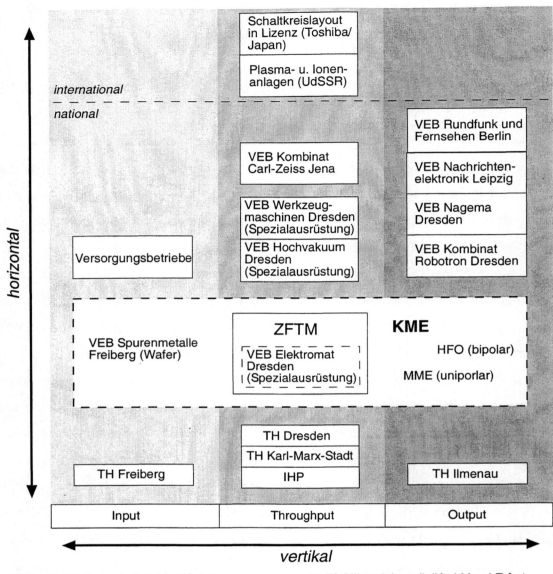

HFO Halbleiterwerk Frankfurt/Oder
IHP Institut für Halbleiterphysik Frankfurt/Oder
KME Kombinat Mikroelektronik Erfurt

MME Mikroelektronik 'Karl Marx' Erfurt
ZFTM VEB Zentrum für Forschung und
      Technologie Mikroelektronik Dresden

**Abb. 2: ZFTM im Zentrum vertikaler und horizontaler Verflechtungen des Produktions-
system der DDR-Halbleiterindustrie**

Quelle: eigene Darstellung

reichs 'Mikroelektronik' wurde 1986 das Hauptanwenderkombinat VEB Carl Zeiss Jena (vgl.
Abb. 3). Die Vorteile ergaben sich aus:

- dem Know-how im Bau von technischen Sonderanlagen;
- den besseren Außenhandelsbeziehungen und vorrangigen Zugang zu Investitionsmitteln;
- den Beziehungen zu den UdSSR-Abnehmern, welche u. a. opto-elektronische Zielerfas-
  sungssysteme von Zeiss einsetzten sowie leistungsfähige Halbleiter-Schaltkreise verbauten.

Ein intensiver Austausch zwischen den Ingenieuren setzte ein. Der Transfer von Wissen- und Personal blieb auch erhalten, nachdem der Betriebsteil 'Mikroelektronik' 1987 größere Selbständigkeit erhielt. In Erfurt sah man sich gezwungen, eine eigene Forschungsabteilung aufzubauen, da die Kontakte über den Generaldirektor des nationalen Technologierivalen Zeiss in Jena abgewickelt werden mussten (POHL 1998). Die Eigenständigkeit des Dresdner ZFTM ließ mehr Freiraum für die Anforderungen der anderen VEBs, die von der Technologieüberleitung abhängig waren:

• Die Förderung der Mikroelektronik in den volkswirtschaftlichen Jahrplänen wurde auf Kosten anderer Wirtschaftszweige von der technologiepolitischen Rahmengesetzgebung so weit abgesichert, dass Dresden von den Investitionen profitierte.

• Der Anpassungsdruck beschleunigte die Realisierung interner Ersparnisse und führte zur Veränderung der Organisationsstrukturen und zu einer flexiblen Stellung des Dresdner ZFTM im Produktions- und Innovationssystem der Halbleiterindustrie der DDR.

• Die externen Ersparnisse ergaben sich aus der Aneignung vorhandenen Wissens in Form von Fremdmusteranalysen durch zentral beschaffte hochwertige Investitionsgüter und Lizenznahmen aus dem NSW sowie verdeckte Zulieferer- und Kundenbeziehungen zu ostasiatischen und skandinavischen Partnerfirmen.

1985

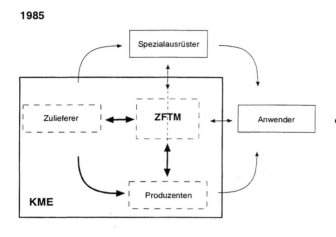

1986

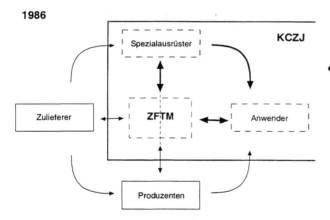

KME	Kombinat Mikroelektronik Erfurt	ZMD	VEB Forschungszentrum Mikroelektronik Dresden
KCZJ	Kombinat VEB Carl Zeiss Jena	ZFTM	VEB Zentrum für Forschung und Technologie Mikroelektronik Dresden

Abb. 3: Verflechtungswandel im Produktionssystems der DDR-Halbleiterindustrie - Flexibilisierung von Schaltungsentwurf und Verfahrenstechnologie durch Neuzuordnung von ZFTM
Quelle: eigene Darstellung

Auch wenn es nicht gelang, sich dem Weltstand anzunähern, so nahm doch die Faktorspezifität in Dresden zu. Vom Weltmaßstab hatte man sich abgekoppelt. Auf das nationale Produktions- und Innvationssystem beschränkt kam dem ZFTM als Einfallstor neuer Informationen aber größte Bedeutung zu. Neue Produkte gelangten aus dem internationalen Produktionssystem über die betrieblichen Verflechtungen und gezielten Importe an den Standort Dresden, wo sie anschließend durch Fremdmusteranalyse erschlossen und in die Werke übergeleitet wurden. Dieses Know-how galt es im Zuge des 1 Megabit-Schaltkreisprojektes effizient einzusetzen, weshalb es im Zentrum der Reorganisation in den 1980er Jahren stand. Bis 1989 hatte das Cluster Dresden mit spezifischen Maschinen, Anlagen und qualifizierten Arbeitskräften eine hervorgehobene Stellung im Produktionssystem eingenommen.

Das ZFTM spielte über den Systembruch hinaus eine zentrale Rolle im Transformationsprozess. Zunächst kamen Berater von Siemens zur privatisierten ZMD. Sie vermittelten der neuen Geschäftsführung, d. h. den Ingenieuren aus der zweiten Reihe der Leitungsebene erste Kontakte zu Marktteilnehmern des bisherigen nicht-sozialistischen Wirtschaftsgebietes. Die Siemens-Manager sondierten auf diese Weise die Potenziale des Betriebs, prüften ein weitergehendes Engagement. Zu direkten Investitionen kam es allerdings nicht. Parallel zu Ausgründungen und der Rückführung des horizontal integrierten Betriebs auf seine Kernkompetenzen, siedelte Siemens eine neue Halbleiterfabrik an. Der ehemalige Halbleiterbereich Simec nannte sich mit dem Börsengang zum 1.4.1999 Infineon.

Die entscheidenden Faktoren für die Ansiedlung des Großunternehmens Siemens im Mai 1994 waren das Clusterpotenzial an qualifizierten und qualifizierbaren Fachkräften (Humankapital) sowie die Höhe der zur Verfügung stehenden staatlichen Fördermittel (SCHOLZ 1995, SCHULZ-DROST 2000). Dass sich anderthalb Jahre später auch AMD als multinationales Großunternehmen niederließ, ist auf die gleichen Faktoren zurückzuführen (HB vom 8.02.2001, DREWS *1999*). Dabei ist zu berücksichtigen, dass durch personelle Verbindungen auf Vorstandsebene ein ehemaliger Siemens-Manager nun für AMD tätig ist. Die guten Erfahrungen, die Siemens bei der Ansiedlung in Dresden machte, eignete sich AMD an und entschloss sich ebenfalls eine Neugründung zu wagen. Die Möglichkeiten der langfristigen Ausbildung von Fachkräften in den Forschungs- und Bildungseinrichtungen trugen zur Entscheidung bei (vgl. Abb. 4).

ZMD führte bis 1993 Ausgründungen durch. Erste eigene Schritte, Marktanteile in Übersee zu gewinnen misslangen. So versuchte man in der zweiten Hälfte der 1990er Jahre unter Leitung eines ehemaligen Philips-Managers die Integration in die Sachsenring AG und nach deren Scheitern durch *foundry*-Produktion (Auftragsfertigung) in Rahmen der Global ASICs Investorengemeinschaft. Direkt gingen die Firmen MZD, MDD und MPD aus dem ZMD als Halbleiterunternehmen hervor. Nationale Investoren beteiligten sich an den Ausgründungen in Freiberg durch Wacker und Bayer. Lediglich FCM blieb als strukturpersistenter Betrieb erhalten. Nationale und internationale Investoren engagierten sich ebenfalls. Hierzu gehört AMI, deren Geschäftsführer der ehemalige Entwicklungsdirektor von ZMD wurde, und Süss, deren Geschäftsführung der vorherige Direktor des VEB Elektromat einnahm. Die Firmen Radeberger Hybrid, FHR, DAS, Photronix und SAW sind Neugründungen die auf vorhandene halbleiterspezifische Ressourcen ihres lokalen Standorts zurückgreifen. Für die Gründungen Ortner und SC300 waren diese Vorteile entscheidend für die Standortwahl. Sie erbringen gegenwärtig Zuliefer- und Entwicklungsleistungen für Infineon. Ihr Personal ist überwiegend nicht aus der Region, sondern für die Zeit ihrer Tätigkeit in Dresden.

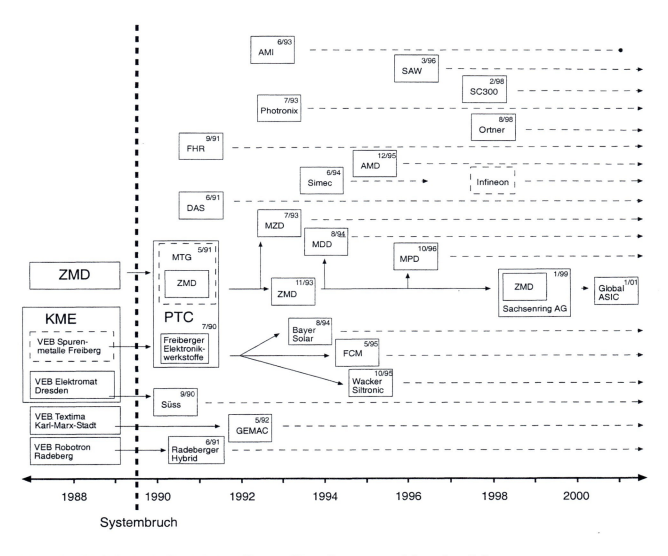

Abb. 4: Halbleiterindustrie im Cluster Dresden vor und in zehn Jahren der Systemtransformation
Quelle: eigene Darstellung

2.3 Beherrschung von Konjunkturzyklen als Prozesse der Expansion

Die Prozesse der Expansion werden durch die Gewinnung neuer Märkte und den Aufbau von Produktionskapazität gekennzeichnet. Die erfolgreiche Überwindung von Konjunkturzyklen (*competition squeeze*) lassen die Unternehmen am Gesamtwachstum des Marktes partizipieren. Um den Herausforderungen des internationalen Wettbewerbs zu begegnen, werden zusätzliche Ressourcen zugeführt. Dabei tätigen die multinationale Unternehmen wie Infineon (43 % Weltmarktanteil an DRAM 1999) und AMD Investitionen und deren Zulieferer siedeln sich an (Ortner, SC300). Zur Erhaltung der Innovationsfähigkeit helfen die sinkenden Transaktionskosten und die steigende Faktormobilität, d. h. Kontakte werden auf der Suche nach kompetenten Partnern ausgebaut.

In diesem Zusammenhang erfordert die Marktintegration internationales Problemwissen und Ideen, d. h. Fachkräfte, die sich einen großen Teil ihres Arbeitslebens mit einer Technologie beschäftigt hatten (vgl. PLATTNER 2001). Diese Kontinuität wurde im Transformationsprozess durch das Wissen um die spezifischen Probleme hergestellt. Dabei half die Erhaltung bzw. Qualifizierung von Personal für die Überführung in das neue Produktionssystem, wozu ZMD beitrug (*Dietz 1998, Martin 1999*). Dies galt auch für diejenigen, die in der Verwaltung oder in anderen Wirtschaftsbereichen Beschäftigung fanden (ALBACH/SCHWARZ 1994).

Für die Auswahl der Ideen, die es weiterzuverfolgen galt, waren Entscheider von Bedeutung, die als leitende Angestellte über die unternehmensinternen Vorgänge hinaus informiert waren. Bei ihnen handelte es sich um Personen, die in politisch unverfänglichen und dennoch leitenden Funktionen tätig waren. Aus dieser Gruppe rekrutierten sich die Geschäftsführer der Um-, Aus- und Neugründungen. Ein gemeinsames Ziele vereinte sie: Die Erhaltung ihrer beruflichen Existenz. Indem sie operative und administrative Geschäfte leiteten, waren sie über die betriebsinternen Geschäftsabläufe hinaus mit den systemischen Zusammenhängen der gesamten Wertschöpfung vertraut. Es oblag ihnen zu selektieren, Ideen zu entwickeln und einer weiteren Prüfung zu unterziehen sowie die Umsetzung in Pilotproduktionen zu forcieren. In den Behörden wurden parallel Förderentscheidungen getroffen, deren Bewilligungshöhe für den Bau und Betrieb des Halbleiterwerkes existenziell war (*Fiedler/Finger 1998*). Die Entscheider rekrutierten sich vorwiegend aus dem Führungspersonal der oberen und mittleren Ebene des ZMFT (vgl. Abb. 5).

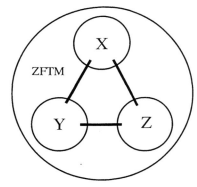

Umbau des ZFTM in den 1980er Jahren

Gemeinsame Ziele:
Produktorientierung - Aufbau eines Produktionsprogramms (u.a. 1 Mbit-Chip, Herzschrittmacher)

Vernetzung:
X, Y und Z haben unterschiedliche Aufgaben
innerhalb der Kombinatsorganisation und im übergeordneten Produktionssystem der DDR

1984 - 1989

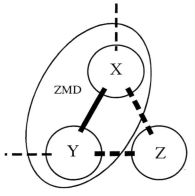

Privatisierung des ZMD bis 1994

Gemeinsame Ziele:
Fortbestand des ZFTM bzw. Sicherung von Arbeitsplätzen für Kollegen

Vernetzung:
X, Y agieren als Geschäftsführer, während Z diverse
Entwicklungskonzepte ausarbeitet

1990 - 1994

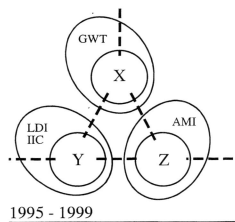

Existenzgründung

Gemeinsame Ziele:
Suche nach neuen Aufgabenbereichen

Vernetzung:
Y ist Senior Advisor des ostdeutschen IIC u.
Geschäftsführer des Ingenieurbüros LDI (Software-
herstellung in Kooperation mit russischen Partnern).
X agiert als Geschäftsführer der GWT und
organisiert regionale Arbeitskreise.
Z wird Geschäftsführer der AMI Nieder-
lassung in Dresen und 2001 Vorstandsmitglied von
ZMD.

1995 - 1999

AMI: AMI Semiconductor
GWT: Gesellschaft für Wissens- und Technologietransfer
LDI: L andgraf-DietzIngenieurbüro
IIC: Industrial Investment Council
ZFTM: Zentrum für Forschung und Technologie der Mikroelektronik Dresden
ZMD: Zentrum Mikroelektronik Dresden

Abb. 5: Umbau, Privatisierung, Existenzgründung – Akteursnetze in der Systemtransformation
Quelle: eigene Erhebung 1999, DIETZ 2001, POHL 2001

Dabei bedienten sie sich des Sachverstandes des ehemaligen Entwicklungsdirektors[45]. Sein Wissen war von großem Wert für die Entscheidung über Produktionsprogramm, -prozess und vor allem für den Aufbau der Zusammenarbeit mit anderen Institutionen der Forschung und Entwicklung. Bei der Prüfung der Realisierbarkeit der ausgewählten Idee durch die Forschung und die Umsetzung einer für realisierbar erachteten Idee durch Entwicklungstätigkeit, wurde das Erfolgsrisiko auf öffentliche Institutionen übertragen und Humankapital entsprechend der spezifischen Bedürfnisse ausgebildet. Im Anschluss an die Produktentwicklung erfolgte die Pilotproduktion in enger Zusammenarbeit mit den Zulieferern und Kunden. Damit wurden die Wertschöpfungskette umgestaltet und Märkte vorbereitet.

Um auf veränderte Bedingungen reagieren zu können und die kurzen Produktlebenszyklen sowie die sich überlagernden Innovationsintervalle dominieren zu können, ist eine permanente Beobachtung von Markt, Konkurrent und Wertschöpfungspartner notwendig. Es bedurfte in der kundenorientierten Halbleiterbranche detaillierter Marktkenntnisse. Diese Kenntnisse konnten durch die drei Akteure langsam aufgebaut werden. Mit dem Abschluss der Privatisierung löste sich das Akteursnetz scheinbar auf. Obwohl die Personen im Anschluss unterschiedliche Positionen bezogen, blieben sie dem Produktionssystem aber in Schlüsselstellungen erhalten. Als Geschäftsführer einer internationalen Niederlassung, als freier Berater für öffentliche und private Auftraggeber und als Koordinator des regionalen Technologietransfers agierten die Akteure weiter im Sinne ihrer technologischen Einstellung. Dabei engagierten sie sich in politischen und wirtschaftlichen Foren, und nutzten die Chance, die in der Schaffung wertschöpfungsübergreifender Kooperationen und strategischer Allianzen lag. Es galt, Informationsdefiziten zuvorzukommen und die verkürzten Produktlebenszyklen mitzugestalten.

Außerdem wurden zusätzliche Ressourcen geschaffen. So benötigen manche Zulieferer trotz gesunkener Transaktionskosten und gestiegener Faktormobilität die räumliche Nähe wegen des spezifischen Leistungsaustauschs. Mit den Investitionen wurde die Grundlage für die nächsten Produkt- und Prozessneuerungen geschaffen, d. h. die Innovationsfähigkeit in das folgende Jahrzehnt fortgeschrieben.

3 Ökonomisch verwertbares Wissen im Technologiecluster Dresden

Die Opportunitätskosten der Auflösung und Bildung von Verflechtungen spielten im planwirtschaftlichen System eine untergeordnete Rolle. Es bestand nur in Ausnahmefällen die Möglichkeit den Transaktionspartner zu wählen bzw. zu wechseln - wie es mit ZFTM geschehen ist (vgl.

---

[45] Politisch vorbelastet durch die Mitgliedschaft des ZK der SED

Abb. 3). Die Nutzung regionaler Potenziale stand in Abhängigkeit staatlicher Mittelzuweisungen und sozialistischer Anreizmechanismen. Die Halbleitertechnologie sollte eine gesamtwirtschaftliche Dynamik erzeugen und nahm als Technologietreiber eine hervorgehobene Position in der Volkswirtschaft ein[46]. Wie sehr der Staat bestrebt war, das Kombinat Mikroelektronik Erfurt zum Erfolg zu führen, wird durch die politischen Bemühungen deutlich. Auf das nationale Produktions- und Innovationssystem beschränkt, kam dem Einfallstor neuer Informationen, dem ZFTM/ZMD größte Bedeutung zu. Neue Produkte gelangten aus dem internationalen Produktionssystem über die betrieblichen Verflechtungen und gezielte Importe an den Standort Dresden, wo sie anschließend durch Fremdmusteranalyse erschlossen und in die Werke übergeleitet wurden. Da sich die Produktionskette der Querschnittstechnologie stetig ausdifferenzierte, stieg der Investitionsbedarf, während die kostendeckende Herstellung in immer weitere Ferne rückte. Man hatte sich technologisch abgekoppelt. Fatal, wenn man bedenkt, dass zwischenzeitlich internationale strategische Allianzen die Entwicklung der Halbleitertechnologie immer schneller vorantrieben. Dieses Know-how galt es im Zuge des 1-Megabit-Projektes effizient einzusetzen, weshalb es im Zentrum der Reorganisation in den 1980er Jahren stand. Diese Position konnte über den Systembruch und die Privatisierung im Take-off gehalten werden.

Mit der internationalen Integration der Betriebe des ostdeutschen Produktionssystems gewannen die transaktionsspezifischen Investitionen an Bedeutung. Spezialisierungsvorteile ergaben sich in neuen hierarchischen, kooperativen und marktlichen Beziehungen. Durch die Einführung ordoliberaler Marktprinzipien gewann dieses Kalkül noch an Relevanz. In Folge der Einbindung von privatisierten VEBs in die bestehenden Wertschöpfungsketten stieg der Bedarf an stabilen Austauschbeziehungen zu den spezifischen Transaktionspartnern. In den ersten Jahren der Systemtransformation waren die situativen Bedingungen und Entwicklungsmöglichkeiten der Transaktionen von hoher Unsicherheit gekennzeichnet[47]. Gleiches gilt für die Beziehungen zwischen den Transaktionspartnern, da die Möglichkeiten opportunistischen Verhaltens zunahmen. Inwieweit die personellen Netze diese Unsicherheit reduziert haben, wird am Fallbeispiel erläutert.

Aus der Spezifität der Anforderungen und der starken Spezialisierung der Halbleiterbetriebe resultiert die Fragmentierung der Produktionskette, d. h. die Segmentierung der Wertschöpfungskette in die Teilprozesse Rohmaterialherstellung, Schaltungsentwurf, Spezialmaschinenbau, Verarbeitung und Aufbereitung. Damit ist die Notwendigkeit einer flexiblen Koordination

---

[46] Vgl. hierzu JACOBY 1997 und MÜLLER 1999 unter Bezug auf TUROWSKI 1990, BARKLEIT 1997.
[47] Auf Basis der Annahmen von Hausmann (1996) sind sich die lernenden Akteure gegenseitig vertraulich verpflichtet und agieren in ihrem jeweiligen sozio-ökonomischen Kontext.

arbeitsteilig verbundener Betriebe an verschiedenen Standorten der Welt verbunden. Dies gilt für die Großbetriebe Infineon und AMD in besonderem Maße. Die Tochterunternehmen in Dresden sind dabei in das internationale Produktionssystem eingebunden und auf den Flughafen als logistischen Knoten angewiesen. Service und Wartung sind am Ort des jeweiligen Produktionsbetriebs vorzunehmen. Daher reisen die Ingenieurteams mit an und verbleiben als externe Teams im Betrieb. In Dresden siedelten sich Niederlassungen wie Ortner, Matson und Applied Materials an, um den stetigen Wartungsbedarf erfüllen zu können. Gut informiert können sich die Anlagenbauer auf Änderungen im Produktionsprozess einstellen. Da die beiden Dresdner Großbetriebe weltweite Referenzbetriebe[48] sind, müssen auch die weltweitführenden Equipmenthersteller präsent sein.

Der Spezialisierungsgrad und die schnellen Veränderungen stellen hohe Anforderungen an die Qualität der Zulieferleistung. Um bei den Großunternehmen gelistet zu sein, bedarf es höchster Standards. Diese gilt es zu erreichen. Hierzu gibt es in Dresden die Initiative der 'Arbeitsgemeinschaft Mikroelektronik'. Bei Treffen an den einzelnen Unternehmensstandorten informieren sich die Geschäftsführer über das Tätigkeitsspektrum des Gastunternehmens und sprechen über aktuelle Probleme und Lösungsmöglichkeiten. In diesem informellen Zirkel werden Erfahrungen ausgetauscht und Kooperationsmöglichkeiten ausgelotet.

Prozesse der Clusterung waren schon zwischen 1978 und 1985 festzustellen, als das Kombinat Mikroelektronik Erfurt gebildet wurde und die Verflechtungen zwischen den VEBs – vor allem den räumlich nahen Betriebsteilen – im Rahmen der territorialen Reproduktionszielen zunahmen. Diese Clusterung war von einem weltweiten konjunkturellen Aufschwung begleitet, der auch die DDR im Rahmen ihrer NSW-Exporte und der Devisenbeschaffung begünstigte (vgl. Abb. 6). Im Verlauf der allgemeinen Entwicklungen dominierten verschiedene Prozesse den Entwicklungspfad. Die ersten Prozesse der Expansion fanden noch in der Planwirtschaft zwischen 1986 und 1989 unter den Bedingungen eines konjunkturellen Aufschwungs statt. Allerdings unter weitgehender Abkopplung vom Weltmarkt. Die nach 1989 neu entstandenen Betriebe unterlagen dann dem Konkurrenzdruck etablierter Unternehmen. Vor allem in der Privatisierungsphase herrschten unterdurchschnittliche Wachstumschancen vor.

Die Privatisierung brachte kleine und mittlere Unternehmensgründungen hervor. Sie trugen die erneuten Lokalisierungsprozesse, so dass eine Schwerpunktbildung von mikroelektronischer

---

[48] AMD – Athlon-Prozessoren in Kupfertechnologie, Infineon –DRAM- Speicher in 300mm-Wafertechnologie.

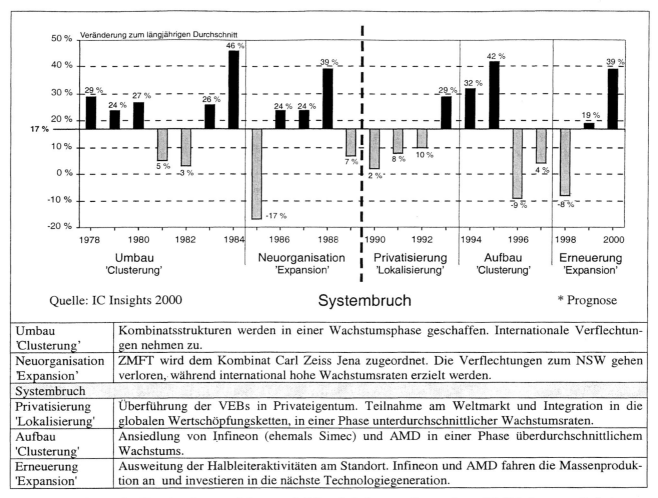

50 %	Veränderung zum längjährigen Durchschnitt				

Quelle: IC Insights 2000 — Systembruch — * Prognose

Umbau 'Clusterung'	Kombinatsstrukturen werden in einer Wachstumsphase geschaffen. Internationale Verflechtungen nehmen zu.
Neuorganisation 'Expansion'	ZMFT wird dem Kombinat Carl Zeiss Jena zugeordnet. Die Verflechtungen zum NSW gehen verloren, während international hohe Wachstumsraten erzielt werden.
Systembruch	
Privatisierung 'Lokalisierung'	Überführung der VEBs in Privateigentum. Teilnahme am Weltmarkt und Integration in die globalen Wertschöpfungsketten, in einer Phase unterdurchschnittlicher Wachstumsraten.
Aufbau 'Clusterung'	Ansiedlung von Infineon (ehemals Simec) und AMD in einer Phase überdurchschnittlichem Wachstums.
Erneuerung 'Expansion'	Ausweitung der Halbleiteraktivitäten am Standort. Infineon und AMD fahren die Massenproduktion an und investieren in die nächste Technologiegeneration.

Abb. 6:   Globale Konjunkturzyklen und Wandel des ostdeutschen Halbleiterproduktionssystems
Quelle: eigene Darstellung

Produktion und Forschung wieder in der Region Dresden beobachtet werden kann. Seit Mitte der 1990er Jahre verbesserte sich die konjunkturelle Situation kurzfristig und Siemens nutzte die Chance zur Ansiedlung seines Werkes. In den anschließenden drei Jahren verminderten sich die Wachstumsmöglichkeiten wieder, so dass AMD erst zum Ende der 1990er Jahre die Produktion in Dresden hochfuhr. Im öffentlich geförderten Forschungssektor wurden die Hoch- und Fachhochschulen sowie die Institute der Fraunhofer Gesellschaft ausgebaut.

Die Entwicklungen am Standort entsprechen der zentralen Prämisse der Produktlebenszyklus-Theorie: Investitionen in neue Technologien werden an Standorten mit ökonomisch verwertbarem Wissen getätigt. Sie sind im Vorteil gegenüber den Räumen, die über keine bzw. relativ weniger in Wert zu setzende Ressourcen verfügen. Dabei leisteten die planwirtschaftlichen Investitionen in qualifizierte und qualifizierbare Arbeitskräfte den entscheidenden Beitrag für die Erhaltung des Clusters in der Marktwirtschaft.

4   Literatur

ALBACH, H. / SCHWARZ, R. (1994): Die Transformation des Humankapitals in ostdeutschen Betrieben. In: discussion papers, FS IV 94-1.

AUTORENKOLLEKTIV (1983): Leitungsstruktur der Volkswirtschaft der DDR. Berlin.

BARKLEIT, G. (1997): Hochtechnologien in der Zentralplanwirtschaft der DDR - zum Dilemma der Mikroelektronik der DDR in den achtziger Jahren. In: Aus Politik und Zeitgeschichte, B38/1997, S. 18-24.

BARKLEIT, G. (2000): Mikroelektronik in der DDR. In: Hannah-Arendt-Institut für Totalitarismusforschung (Hrsg.): Berichte und Studien, Nr. 29.

BECKER, H. W. (1990): Ein Leben in Würde für die Wissenschaft. In: ZMD (Hrsg.): Prof. Dr.-Ing. habil. Werner Hartmann – Würdigung des Leiters der Arbeitsstelle für Molekularelektronik. Dresden.

CANDERS, Chr. (2001): Die Mikroelektronikindustrie in Frankfurt/Oder vor dem Hintergrund des Systemwechsels – Entwicklung und Auswirkungen auf den Standort. Marburg. Diplomarbeit am Fachbereich Geographie der Philipps-Universität Marburg

COOKE, PH. (1998): Global Clustering and Regional Innovation – Systemic Integration in Wales. In: BRACZYK, H.-J. / COOK, PH. / HEIDENREICH M. (ed.): Regional Innovation Systems – The Role of Governances in a globalized world. London. S. 247-275.

CZMANSKI, S. / ABLAS, L.A. DE . (1979): Identification of Industrial Clusters and Complexes. In: Urban Studies, Vol. 16, S. 61-80.

FRITSCH, F. (1998): Das Innovationssystem Ostdeutschlands – Problemstellung und Überblick. In: FRITSCH, M. / MEYER-KRAHMER, F. / PLESCHAK, F. (Hrsg.): Innovationen in Ostdeutschland – Potentiale und Probleme. Heidelberg, S. 3-19.

FRAAS, G. (1985): Herausforderung Mikroelektronik. Berlin.

GERLACH, K. / LORENZ, W. (1992): Arbeitsmarkttheorie/-ökonomie. In: GAUGLER, E. / WEBER, W. (Hrsg.): Handwörterbuch des Personalwesens. Stuttgart. S. 1034 – 1058.

GUTMANN, G. (1993): Der Einsatz der Volkswirtschaft der DDR für das Erreichen politischer Ziele der SED. In: DEUTSCHER BUNDESTAG (Hrsg.): Die DDR-Volkswirtschaft als Instrument der SED-Diktatur. Bonn, S. 4-17.

HAUSMANN, U. (1996): Innovationsprozesse von produktionsorientierten Dienstleistungsunternehmen und ihr räumliche-sozialer Kontext. Bamberg.

HANDELSBLATT vom 8.02.2001

JACOBY, C. (1997): Kooperation von Wissenschaft und Produktion im zentralen Planungssystem der DDR – unter besonderer Berpcksichtigung der Mikroelektronikindustrie. Marburg. Diplomarbeit am Fachbereich Geographie der Philipps-Universität Marburg.

KLENKE, O. (2001): Ist die DDR an der Globalisierung gescheitert. Autarke Wirtschaftspolitik- versus internationale Weltwirtschaft – Das Beispiel Mikroelektronik. Frankfurt/Main.

KOWALKE, H. (1998): Dresden und Lausitz. In: KULKE, E. (Hrsg.): Wirtschaftsgeographie Deutschlands. Gotha, S. 407-434.

KRAKAT, K. (1986): Schlüsseltechnologien in der DDR - anwendungsschwerpunkte und Durchsetzungsprobleme. In: FORSCHUNGSSTELLE FÜR GESAMTDEUTSCHE WIRTSCHAFTLICHE UND SOZIALE FRAGEN. FS-Analysen, H. 5, Teil II, S. 113-175.

KRUMBEIN, W. / HOCHMUTH, E. (2000): Cluster und Clusterpolitik – Begriffliche Grundlagen und empirische Fallbeispiele aus Ostdeutschland. Marburg.

MÜLLER, C. (1999): Zielsetzungen, Aufbau und Bedeutung der Mikroelektronikindustrie für das planwirtschaftliche System der DDR - untersucht am Beispiel des VEB Mikroelektronik 'Karl Marx' Erfurt. Marburg. Diplomarbeit am Fachbereich Geographie der Philipps-Universität Marburg

MÜLLER, G. (1989): Die Politik der SED zur Herausbildung und Entwicklung der Mikroelektronikindustrie der DDR im Rahmen der ökonomischen Strategie zur Durchsetzung der intensiv erweiterten Reproduktion (1976 bis 1985). Berlin: Dissertation.

PLATTNER, M. (2001a): Standortcluster der ostdeutschen Halbleiterindustrie – Innovationsprozesse in der Systemtransformation. In: Geographische Rundschau, Jg. 53, H. 7/8, S. 44-49.

POLLEI, H. (1993): Kombinat Mikroelektronik Erfurt. Jäher Aufstieg und Fall ins Bodenlose. In: WOCHENZEITUNG DIE WIRTSCHAFT (Hrsg.): Kombinate - was aus ihnen geworden ist. S. 317-330.

PORTER, M. E. (1990): The Competitive Advantage of Nations. London.

REHFELD, D. (1994): Produktionscluster und räumliche Entwicklung - Beispiele und Konsequenzen. In: KRUMBEIN, W. (Hrsg.): Ökonomische und politische Netzwerke in der Region. Hamburg, S. 187-205.

RONNEBERGER G. (1999): Deckname Saale – High-Tech-Schmuggler unter Schalck-Golodkowski. Berlin.

SCHOLZ, L. (1995): Innovationsökonomie und -politik für die neuen Bundesländer - Beispiel: Mikroelektronik und Innovation. München. ifo Dresden-Studien; H. 4.

SCHULZE-DROST, M. (2000): Regionale Wirkungen der Ansiedlung von Siemens Microelectronics in Dresden. In: DANIELZYK, R. / MÜLLER, B. / PRIEBS, A. / WIRTH, P. (Hrsg.): Sanierung und Entwicklung in Ostdeutschland. Dresden, S. 11-27. IÖR Schriften, Bd. 32.

STORPER, M.; R. WALKER (1989): The Capitalist Imperative. Territory, Technology, and Industrial Growth. New York.

TUROWSKI, O. (1990): Technologietransfer in der DDR – Das Beispiel der Mikroelektronik. In NAQNE, A. (Hrsg.): Tübinger wirtschaftswissenschaftliche Abhandlungen, Bd. 35, Tübingen, S. 207-239.

WATERKAMP, R. (1983): Das zentralstaatliche Planungssystem der DDR. Steuerungsprozesse im anderen Teil Deuschlands. In: Beiträge zur politischen Wissenschaft, Bd. 45, Berlin.

WILLIAMSON, O. E. (1990): Die ökonomischen Institutionen des Kapitalismus. Tübingen.

WENZEL, B. (1989): Ein Beitrag zur Geschichte der Mikroelektronik unter besonderer Berücksichtigung der Entwicklung der Halbleiter- und Mikroelektronik in der DDR. Ilmenau: Dissertation.

ZMD Pressemitteilungen 8 (o. J.)

Bundesarchiv

BA Berlin DE 1/53437

BA Berlin DG 10/92,

BA Berlin DG 10/105

BA Berlin DG 10/418

BA Berlin DG 10/1118

Staatsarchiv Thüringen

STA Gotha Ermic GmbH Nr. 758

STA Gotha Ermic GmbH Nr. 801

STA Gotha Ermic GmbH Nr. 967 I

STA Gotha Ermic GmbH Nr. 1172

STA Gotha Ermic GmbH Nr. 1323

Betriebsarchiv

PTC-AG 1537.009.01.01

PTC-AG 1537.005.01.01

Interviews

BECKER 1999: Interview mit Dr. Becker, ehemaliger wissenschaftlicher Mitarbeiter von ZMD; heute im Fraunhofer Institut für Mikroelektronische Schaltungen und System in den selben Gebäuden beschäftigt; 23.11.1999

DREWS 1999: Pressesprecher von AMD Saxony, 22.06.1999

DIETZ 1998: Interview mit Prof. Dr. Landgraf Dietz; von 1990 bis 1993 Geschäftsführer der ZMD GmbH; heute selbständiger Consultant seiner Firma (LDI GmbH); 11.11.1998, 4.10.2001

FIEDLER/FINGER 1997: Interview mit Fiedler und Herrn Finger als Sachgebietsleiter und Sachbearbeiter tätig beim Amt für Wirtschaftsförderung (technologieorientierte Unternehmen); ehemals beim ZMD beschäftigt; 16.09.1997

MARTIN 1999: Interview mit Dr. Martin; von 1990 bis 1996 technischer Geschäftsführer der ZMD GmbH; heute Geschäftsführer der Gesellschaft für Wissens- und Technologietransfer der TU Dresden; 14.04.1999

POHL 1998: Interview mit Dr. Pohl, ehemals Direktor für Forschung und Technologie des VEB KME; 17.08.98, 27.09.2001

Arbeitsberichte zur wirtschaftsgeographischen Regionalforschung

Band 1

H. Nuhn unter Mitarbeit von A. Stamm, K. Wieland und H.-P. Wildermuth
Entwicklungsprobleme und Perspektiven der Industrie in der Universitätsstadt Marburg - Eine Untersuchung in den Gewerbegebieten
Münster 1992, 90 S., 34.80 DM, ISBN 3-89473-485-X

Band 2

H. Nuhn unter Mitarbeit von
A. Berthold, R. Hoppe, S. Schneider, A. Stamm und H.-P. Wildermuth
Gewerbliche Wirtschaft in Stadtallendorf - Struktur, Entwicklung und Probleme der Industrie eines ehemaligen Rüstungsstandortes
Münster 1992, 121 S., 34.80 DM, ISBN 3-89473-509-0

Band 3

Helmut Nuhn, Astrid Berthold, Cordula Neiberger und Andreas Stamm
Auflösung regionaler Produktionsketten und Ansätze zu einer Neuformierung - Fallstudien zur Nahrungsmittelindustrie in Deutschland
Münster 1999, 167 S., 34.80 DM, ISBN 3-8258-2680-5

Band 4

Martina Fromhold-Eisebith und Helmut Nuhn (Hrsg.)
Großforschung und Region - Der Beitrag von Forschungszentren des Bundes zu einer innovationsorientierten Regionalentwicklung
Münster 1995, 254 S., 48.80 DM, ISBN 3-8258-2681-3

Band 5

H. Nuhn unter Mitarbeit von C. Neiberger, M. Plattner und H.-P. Wildermuth
Thüringer Industriestandorte in der Systemtransformation - Technologisches Wissen und Regionalentwicklung
Münster 1998, 248 S., 48.80 DM, ISBN 3-8258-3698-3

Band 6

H. Nuhn unter Mitarbeit von M. Plattner, C. Neiberger und A. Canders
Systemtransformation und Regionalentwicklung – Technologiecluster der Mikroelektronik in Ostdeutschland
Münster 2001, 110 S., 48.80 DM, ISBN 3-8258-5893-6

LIT Verlag Dieckstraße 73 D-48145 Münster Tel.: 0251/235091 Fax: 0251/231972